V&R

Handlungskompetenz im Ausland

herausgegeben von
Alexander Thomas, Universität Regensburg

Vandenhoeck & Ruprecht

Boris Schlizio
Ute Schürings
Alexander Thomas

Beruflich in den Niederlanden

Trainingsprogramm für Manager, Fach- und Führungskräfte

Mit einer Abbildung

Vandenhoeck & Ruprecht

Die 7 Cartoons hat Jörg Plannerer gezeichnet.

Bibliografische Information der Deutschen Nationalbibliothek

Die Deutsche Nationalbibliothek verzeichnet diese Publikation in der Deutschen Nationalbibliografie; detaillierte bibliografische Daten sind im Internet über http://dnb.d-nb.de abrufbar.

ISBN: 978-3-525-49141-6

© 2009, Vandenhoeck & Ruprecht GmbH & Co. KG, Göttingen / www.v-r.de
Alle Rechte vorbehalten. Das Werk und seine Teile sind urheberrechtlich geschützt. Jede Verwertung in anderen als den gesetzlich zugelassenen Fällen bedarf der vorherigen schriftlichen Einwilligung des Verlages. Hinweis zu § 52a UrhG: Weder das Werk noch seine Teile dürfen ohne vorherige schriftliche Einwilligung des Verlages öffentlich zugänglich gemacht werden. Dies gilt auch bei einer entsprechenden Nutzung für Lehr- und Unterrichtszwecke. Printed in Germany.
Satz: Satzspiegel, Nörten-Hardenberg
Druck und Bindung: ⊕ Hubert & Co, Göttingen

Gedruckt auf alterungsbeständigem Papier.

Inhalt

■ Vorwort

Kommunikation im Ausland ist kein Selbstläufer. Egal, ob der Aufenthalt von kurzer oder langer Dauer ist, privaten oder geschäftlichen Charakter hat – man muss sich schon anstrengen, wenn man den Gesprächspartner verstehen und selbst verstanden werden will. Letztlich ist es gleich, ob man als Tourist in Sri Lanka die Details einer Rundreise über die Insel bespricht oder als Helfer im Sudan über die Lieferung von Lebensmitteln verhandelt. Effektives Kommunizieren heißt investieren, und zwar in erster Linie in die Sprachkenntnisse. Gute Ideen oder Argumente verlieren ihren Wert, wenn man sie nicht in Worte fassen kann. Wer in einem anderen Land beruflich tätig ist, sei es für eine Behörde oder für ein Unternehmen, für den ist die Beherrschung der Sprache des Gastlandes von wesentlicher Bedeutung, denn sie ist ein entscheidender Faktor für die Zusammenarbeit und die Wahrnehmung der eigenen Interessen. Wer die Sprache seines Gegenübers nicht spricht, ist stets auf andere angewiesen und nimmt von der Sprache ausgehende Signale nicht oder nur zum Teil wahr. Wer sie dagegen beherrscht, hat nicht nur mehr kommunikative Möglichkeiten, sondern kann auch mit mehr Verständnis und Sympathie rechnen. Manchmal scheitern Verhandlungen oder auch ganze Kooperationen nicht zuletzt an mangelnden Sprachkenntnissen.

Gleich nach den Sprachkenntnissen kommt die Landeskunde. Wissen über Kultur und Geschichte ist eine Grundvoraussetzung für eine gut funktionierende internationale Kommunikation. Die Bedeutung einer effektiven interkulturellen Kommunikation wird allgemein anerkannt. An jeder Hochschule, die etwas auf sich hält, ist dies wichtiger Bestandteil des Lehrplans internationaler Studiengänge. Multinationale Unternehmen legen großen

Wert darauf, dass sich ihre Manager in einem anderen Sprach- und Kulturraum behaupten können. In einer rasch kleiner werdenden Welt ist die Fähigkeit, die Anliegen des anderen zu verstehen und die eigenen Anliegen deutlich zu machen, eine fast zwingende Voraussetzung für den Erfolg.

Viele denken bei interkultureller Kommunikation an Kontakte zwischen westlichen und nichtwestlichen Kulturen, an die Zusammenarbeit mit Menschen aus Ländern in Asien, Afrika, Südamerika oder dem Nahen Osten. Dass es auch im Umgang mit Gesprächspartnern aus den USA oder Schweden kulturelle Unterschiede zu überbrücken gilt, wird leicht übersehen. Gewiss, für den Gemüsehändler aus Hessen, der seine Bohnen und seinen Blumenkohl normalerweise aus Niedersachsen bezieht, ist es ein großer Schritt, wenn er zum ersten Mal in Kairo über den Einkauf von Gemüse aus Ägypten verhandelt, und zwar selbst dann, wenn ihm dabei ein Dolmetscher zur Seite steht. Man sollte aber nicht vergessen: Auch wenn er in Holland Rote Beete und Brokkoli ordert, wird er mit Kulturunterschieden konfrontiert, selbst wenn er die Verhandlungen auf Deutsch führen kann.

In dem vorliegenden Buch konzentrieren sich Boris Schlizio, Ute Schürings und Alexander Thomas auf die Kommunikation zwischen Nachbarn; sie zeigen deutschen Spitzenkräften, wie sehr die ernsthafte Beschäftigung mit Kulturstandards zu einem schnelleren und besseren Verständnis ihrer niederländischen Gesprächs- und Geschäftspartner beitragen kann. Anhand von Beispielen aus der Praxis werden dem Leser grundlegende Regeln für den Umgang mit Niederländern vermittelt. Dabei lernt er, sowohl die Haltung seines Gegenübers als auch seine eigene Wirkung richtig einzuschätzen und die Wahrnehmung und Deutung von Signalen in Frage zu stellen. Die Botschaft ist klar: Kommunikation ist keine Einbahnstraße und erfordert eine Auseinandersetzung mit dem Wesen und Denken des anderen.

Das Bild, das Schlizio, Schürings und Thomas von den Niederländern und ihrer Art zeichnen, ist sehr treffend. Mit dieser pragmatischen und alltagstauglichen Trainingsmethode leisten die Autoren einen wertvollen Beitrag dazu, dass gute Nachbarn ihre Zusammenarbeit noch weiter verbessern. Dieses Buch verdient nachdrückliche Empfehlung. Seine Lektüre lohnt sich auch für

Holländer, die ihre deutschen Gesprächspartner besser verstehen möchten. Hier in der Botschaft in Berlin, die in diesem Buch als Beispiel für innovative niederländische Ideen genannt wird, können wir das nur begrüßen. Ich habe mir bereits ein Exemplar bestellt.

Derk Oldenburg
Gesandter, Niederländische Botschaft

■ Einführung in das Training

■ Die Niederlande: So nah und doch so fern

Wer aus beruflichen Gründen ins Ausland reist, dort lebt oder
arbeitet, macht sich zuvor Gedanken, wie intensiv er sich auf diesen Wechsel vorbereiten muss. Entscheidend ist dabei, wie groß
die Unterschiede bezüglich der Arbeits- und Lebensverhältnisse
eingeschätzt werden. Bei der Bewertung spielen neben kulturellen Unterschieden vor allem die geographische Lage und die historischen Entwicklungen eine ausschlaggebende Rolle. Das heißt,
für Zielländer in Asien, Afrika oder Südamerika wird in der Regel
mit bedeutenden Abweichungen gerechnet, für Europa oder
Nordamerika weniger.

Die Nachbarländer Deutschlands werden meist als so vertraut
beurteilt, dass eine gesonderte kulturelle Vorbereitung nicht erforderlich scheint. Dies gilt insbesondere für die Niederlande.
Deutsche fahren zum Einkaufen und in den Urlaub über die
Grenze, Niederländer wiederum schätzen deutsche Geschäfte
und Urlaubsorte. In den benachbarten deutschen Bundesländern
kennt man die Niederlande meist sogar recht gut, Fernsehen,
Rundfunk und andere Medien berichten über politische und kulturelle Themen. Die Mehrzahl der Niederländer spricht Deutsch
oder versteht zumindest die deutsche Sprache, da Niederländisch
den norddeutschen Dialekten sehr ähnelt. Und wenn es mit
Deutsch nicht klappt, kann auf das Englische ausgewichen werden, das viele Niederländer gut beherrschen. Angesichts dieser
günstigen Umstände liegt der Gedanke nicht fern, dass es auch in
der geschäftlichen Kooperation kaum Verständigungsprobleme
geben dürfte.

Deutsche, die schon lange in den Niederlanden leben und arbeiten, sehen das allerdings ganz anders. Ihre Erfahrungen spiegelt der Satz wieder: »So nah und doch so fern.« Sie schätzen die kulturellen Unterschiede als erheblich ein und raten ihren Landsleuten, sich vor einem Arbeitsaufenthalt im Nachbarland eingehend mit den niederländischen Gepflogenheiten zu beschäftigen.

Wie kommt es zu einer solchen Diskrepanz in der Einschätzung? Wenn die Begegnung und das kurzzeitige Zusammenleben offenkundig unproblematisch sind, so stecken die interkulturellen Probleme wohl im Detail. Die Verschiedenheit wird nach Angabe von Experten nicht nur in der berufsbedingten Zusammenarbeit deutlich, sondern auch im Privatleben. In beiden Bereichen macht sich bemerkbar, dass die Niederlande über Jahrhunderte hinweg einer vollkommen anderen Prägung unterlagen als das heutige Deutschland. So spielen für eine Kaufmannsrepublik wie die Niederlande, die auf eine lange Tradition von Handel und Seefahrt zurückblicken kann, bis heute Werte wie Freiheit und Unabhängigkeit eine große Rolle. Die früh entwickelte Demokratie gründete sich auf den stets wieder mühsam errungenen Konsens verschiedener gesellschaftlicher Gruppen, auf Mitspracherechte und den Grundgedanken der Gleichheit aller Bürger. Im Gegensatz dazu war Deutschland lange durch den Obrigkeitsstaat geprägt, durch Werte wie Disziplin, Respekt und klare Rangunterschiede.

Diese unterschiedlichen Traditionen und Werte haben zur Folge, dass deutsche Fach- und Führungskräfte, die unvorbereitet in die Niederlande gehen, sich oftmals über ihre Mitarbeiter wundern werden. Denn die niederländischen Mitarbeiter erwarten ganz selbstverständlich, dass man sie an Entscheidungen beteiligt. Wenn etwa ein deutscher Chef von einer klaren Rollenverteilung zwischen ihm und seiner Sekretärin ausgeht, die darin besteht, dass er Anweisungen gibt und sie die Arbeit ausführt – so wird er in den Niederlanden erfahren, dass Sekretärinnen oftmals Gegenvorschläge präsentieren. Und zwar mit der Erwartung, dass diese nicht nur ernst genommen, sondern auch eingehend erörtert werden. Die Art und Weise, wie Arbeitsanweisungen an Mitarbeiter erfolgen und welche Etikette dabei zu beachten ist, unterscheidet sich grundlegend. Zudem ist das Verhältnis der Kollegen untereinander in den Niederlanden durch einen sehr persönlichen Umgangston geprägt. Man interessiert sich für das persönliche Wohl des anderen, Hierarchien spielen dabei keine Rolle. Für einen deutschen Mitarbeiter, der eine klare Trennung zwischen Arbeits- und Privatleben gewohnt ist, ist dies irritierend. Er wird sich womöglich fragen, was denn die niederländischen Kollegen sein privates Umfeld angeht.

An solche Verhaltensregeln kann man sich mehr oder weniger schnell gewöhnen und anpassen. Wichtiger ist es jedoch, wirklich zu verstehen, warum Niederländer bestimmte Verhaltensweisen erwarten und andere ablehnen. Denn erst wenn man nachvollziehen kann, warum andere Formen und Regelsysteme gelten und auch alltägliche Vorgänge unter Umständen ganz anders bewertet werden als in Deutschland, wird aus bloßer Anpassung ein selbstverständliches Zusammenspiel. Darüber hinaus führt ein besseres Verständnis meist zu einer größeren Akzeptanz und Wertschätzung des spezifisch niederländischen »way of life«. Die Kenntnis einer fremden Unternehmenskultur, die sich auf das bloße Erlernen von Verhaltensregeln beschränkt, wird immer dann ihren Dienst versagen, wenn unbekannte Situationen auftreten. Ein tieferes Verständnis hingegen ermöglicht es, auch eine neue, nicht »erlernte« Lage einschätzen und adäquat reagieren zu können. Dies gilt allgemein im Ausland, aber eben auch für ein Land wie die Niederlande, das sich trotz der geographischen Nähe grundlegend von deutschen Normen und Regeln unterscheidet. Es ist daher sinnvoll, eine auf die niederländische Kultur zugeschnittene interkulturelle Handlungskompetenz aufzubauen.

Leben und arbeiten in den Niederlanden – das betrifft immerhin eine ganze Reihe von Deutschen persönlich. Insgesamt leben etwa 57.000 Deutsche im westlichen Nachbarland, circa 27.000 von ihnen sind berufstätig. Hinzu kommen 16.000 Grenzgänger, die ihren Wohnsitz in Deutschland haben, aber in den Niederlanden arbeiten. Das in diesem Buch präsentierte Training ermöglicht es deutschen Fach- und Führungskräften, praxisrelevante und handlungswirksame Qualifikationen zu erwerben. Gerade in Bezug auf den so unterschiedlichen Führungsstil wird hier das nötige Werkzeug geboten, um zu einem produktiven und für beide Seiten zufrieden stellenden Umgang mit den niederländischen Mitarbeitern, Kollegen und Vorgesetzten zu gelangen.

■ Trainingsziel interkulturelle Handlungskompetenz

Mit der Internationalisierung von immer mehr Lebens- und Arbeitsbereichen verändern sich die Anforderungen an Fach- und Führungskräfte in Wirtschaft, Politik, Verwaltungen, Bildung und Ausbildung. Dies gilt auf Bundes- und Landesebene ebenso wie für die Kommunen. Von guten Mitarbeitern wird heutzutage erwartet, dass sie neben berufs- und fachspezifischen Kenntnissen auch überfachliche Qualifikationen mitbringen, etwa Kompetenzen im Kommunikations-, Organisations-, Führungs-, Team- und Konfliktmanagement. Wenn sie diese Qualifikationen nicht in ausreichendem Maße vorweisen können, sind der beruflichen Fortentwicklung schnell Grenzen gesetzt.

Der interkulturellen Kompetenz kommt durch die zunehmende Globalisierung eine immer größere Bedeutung zu. Offenheit für Menschen aus anderen Kulturen, Toleranz und Freundlichkeit im Umgang miteinander – fast schon selbstverständliche Qualitäten einer modernen Führungskraft – sind inzwischen nicht mehr ausreichend für eine erfolgreiche Geschäftätigkeit. Wenn sich das berufliche Tätigkeitsfeld auf das In- und Ausland und damit auch auf Personen aus anderen Kulturen (Kollegen, Mitarbeiter, Vorgesetzte, Kunden, Zulieferer etc.) erstreckt, ist Erfolg nur dann gewährleistet, wenn beide Seiten ihre Ziele erreichen können, und zwar auf einem Wege, der ein Mindestmaß an Zufriedenheit mit der Zusammenarbeit im interkulturellen Spannungsfeld sicherstellt. Nur so sind dauerhafte Kooperationen zu verwirklichen. Damit stellt sich jedoch die Frage, wie divergent oder konvergent die angestrebten Ziele, die Verhaltensmerkmale und die jeweilige Eigen- und Fremdwahrnehmung sind. Wie erkennt man, ob der Partner mit der Kooperation und den erzielten Ergebnissen zufrieden ist? Auf welchem Wege kann eine beiderseitige Vertrauensbasis hergestellt werden, die Voraussetzung jedweder zielorientierten Zusammenarbeit?

Internationale Forschungen über Merkmale erfolgreicher Auslandtätigkeit haben gezeigt, dass Eigenschaften und Fähigkeiten wie Neugierde, Aufgeschlossenheit, Fähigkeit zum Perspektivenwechsel, Flexibilität im Denken und Handeln, Toleranz gegenüber anderen Meinungen und fremden Verhaltensweisen (Ambiguitätstoleranz) sowie ein gewisses Maß an psychophysischer Belastbarkeit einen deutlich positiven Einfluss auf einen Wechsel ins Ausland haben. Diese personenspezifischen Merkmale bieten jedoch noch keine Gewähr für eine ausreichende interkulturelle Handlungskompetenz. Eine solche Kompetenz lässt sich erst in einem Lern- und Erfahrungsprozess erwerben, der durch bestimmte Merkmale gekennzeichnet ist.

Inzwischen herrscht weitgehende Übereinstimmung darin, dass interkulturelle Handlungskompetenz als die Fähigkeit definiert werden kann, kulturelle Bedingungen und Einflussfaktoren in der Wahrnehmung, im Denken, im Urteilen, im Empfinden und im Handeln zunächst einmal bei sich selbst zu erfassen, um sie dann in einem zweiten Schritt auch bei den kulturellen Partnern zu erkennen, zu respektieren und proaktiv nutzen zu können. Von entscheidender Bedeutung sind hierbei ein wechselseitiges interkulturelles Verstehen und eine sich hieraus ergebende Fähigkeit zum kulturadäquaten Umgang mit den jeweiligen Eigenheiten des Partners und der Lebensverhältnisse im Gastland.

Ein weiterer Faktor für eine erfolgreiche Zusammenarbeit liegt in der Entwicklung eines hohen Maßes an Toleranz gegenüber kulturell bedingten Verhaltensweisen, die mit den eigenen Handlungsmaßstäben und Erfahrungen nicht ohne weiteres in Übereinstimmung zu bringen sind. In diesem Zusammenhang ist die Entwicklung synergetischer Formen des Zusammenlebens und einer gemeinsamen Wert-, Norm- und Verhaltensorientierung von großer Bedeutung. Wissenschaftliche Untersuchungen über Rahmenbedingungen, Verlaufsprozesse und Wirkungen internationalen Managements belegen, übereinstimmend mit Erfahrungen aus der internationalen Praxis, dass Menschen im Rahmen interkultureller Kommunikation und Kooperation zunächst einmal davon ausgehen, dass ihr eigenes Orientierungssystem und die darauf basierenden Werte, Normen und Regeln richtig und angemessen sind. Alle den eigenen Erwartungen widersprechenden Formen der Wahrnehmung, Beurteilung und Beeinflussung von Situationen werden in der Regel als nicht ganz richtig, wenn nicht sogar als falsch, lückenhaft oder nutzlos angesehen. Dies beruht darauf, dass zentrale Merkmale des eigenen Orientierungssystems über lange Zeit hinweg verinnerlicht und somit zu Gewohnheit und Routine wurden. Sie unterliegen nicht mehr der bewussten Kontrolle und Reflexion. Genau dies aber erschwert nicht nur das Wahrnehmen, Erkennen und Analysieren fremdkultureller Orientierungssysteme, sondern verhindert auch ihre Akzeptanz und Wertschätzung als eine ebenso berechtigte Art der Welterfassung und -beurteilung.

Konkret bedeutet dies, dass ein Deutscher, der in den Niederlanden mit Abweichungen von Gewohntem und Vertrautem konfrontiert wird, dies nicht etwa als Resultat eines spezifischen kulturellen Wert-, Norm- und Regelsystems erkennt, sondern es als Schwäche, Desinteresse oder Versagen seiner niederländischen Partner auslegt, eventuell sogar als hinterhältiges oder strategisches Handeln. Die Folge sind Enttäuschung, Ablehnung, Aufbau von Vorurteilen, Rückzug und Aggressivität.

Nun geht es aber in der interkulturellen Zusammenarbeit nicht nur um die Wahrnehmung von Fremdartigkeit oder gar das Erdulden wiederholt erfahrener, erwartungswidriger Verhaltensweisen des fremdkulturell geprägten Partners, sondern um ein gesichertes, dauerhaftes, möglichst vertrauensvolles und produktives Zusammenwirken. Das vorliegende Training wurde entwickelt, um dem Leser die Möglichkeit zu geben, eine hinreichende interkulturelle Handlungskompetenz für den beruflichen Einsatz und das Leben in den Niederlanden zu entwickeln. Das Training zielt darauf ab, deutsche Fach- und Führungskräfte in die Lage zu versetzen, verständnisvoll und effektiv mit Niederländern zu kommunizieren, vertrauensvolle Beziehungen aufzubauen sowie das Verhalten der niederländischen Partnerkultur adäquat zu antizipieren und zu interpretieren. Es soll den Leser befähigen, vorurteilsbehaftete oder vorschnelle Beurteilungen zu vermeiden und sich selbst als verlässlichen Kommunikations- und Kooperationspartner zu präsentieren.

Das Trainingsmaterial basiert auf einer Fülle von Interviews mit deutschen Managern, Fach- und Führungskräften, die über ihre Erfahrungen im Umgang mit Niederländern befragt wurden. Die Interviews wurden in den Niederlanden geführt, die Auswertung erfolgte durch ein deutsch-niederländisches Expertenteam, das die jeweiligen Erfahrungen beurteilte und kommentierte. Auf dieser Basis wurden die hier vorgestellten Kulturstandards entwickelt, unter besonderer Beachtung der kulturell bedingten kritischen, das heißt unerwarteten Interaktionssituationen. Kulturell kritische Interaktionssituationen sind solche immer wieder auftretenden Begegnungssituationen im Alltagsleben und am Arbeitsplatz, die anders verlaufen, als der oder die Deutsche es erwartet hätte. Im Arbeits- und Lebensalltag führt dieses erwartungswidrige Verhalten zu Irritationen und bedroht die Orientierungssicherheit. Die Konsequenzen sind Unverständnis, ein hohes Maß an Unsicherheit, Ängstlichkeit, Misstrauen und – wenn solche Situationen gehäuft auftreten – psychischer Stress. Die Entstehung all dieser für eine gedeihliche Zusammenarbeit negativen Einflussfaktoren lässt sich vermeiden, wenn zumindest einer der beiden Partner in der Lage ist, das Verhalten des Anderen aus dessen kulturspezifischem Orientierungssystem heraus zu verstehen. Die Voraussetzung dafür ist allerdings, dass er oder sie für die kulturspezifische Ausprägung der eigenen Verhaltensgrundlagen (Wahrnehmung, Denken, Urteilen, Empfinden und Handeln) ausreichend sensibilisiert ist.

Neben dieser Sensibilisierung ist es Ziel des Trainings, dem deutschen Leser anhand typischer Interaktionssituationen aus dem beruflichen und privaten Lebensalltag zu vermitteln, wie das eigene kulturspezifische Orientierungssystem auf niederländische Partner wirkt und wie das entsprechende Verhalten aus Sicht der Niederländer interpretiert wird. Der Leser lernt die Handlungswirksamkeit niederländischer Kulturstandards kennen und erfährt, wie positiv sich die interkulturelle Begegnungssituationen zwischen Deutschen und Niederländern gestalten lässt, wenn man auf eine grundsätzliche kulturelle Wertschätzung bauen kann.

▩ Theoretischer Hintergrund

Das vorliegende Trainingsmaterial wurde nicht themenabstrakt theoretisch abgeleitet, sondern orientiert sich an den Ergebnissen einer Vielzahl von Interviews: Im Umgang mit Niederländern erfahrene und erfolgreiche deutsche Manager, Fach- und Führungskräfte wurden gebeten, konkrete im Arbeits- und Lebensalltag immer wieder auftretende unerwartete Begegnungssituationen so genau wie möglich zu schildern. Niederländer mit Deutschland-Erfahrung und Deutsche mit Niederlande-Erfahrung, die häufig auch kulturvergleichend wissenschaftlich tätig sind, wurden anschließend gebeten, diese Situationen im Hinblick darauf zu beurteilen, welche kulturspezifischen Einflussfaktoren das unterschiedliche Denken und Verhalten der beteiligten Personen bestimmt hat. Aufgrund dieser Expertenurteile konnten schließlich sieben niederländische Kulturstandards ermittelt werden.

Für die Erstellung des Trainingsmaterials wurde aus den kritischen Interaktionssituationen eine Auswahl an Beispielen getroffen, bei denen die niederländischen und deutschen Kulturstandards besonders handlungswirksam wurden und entsprechend auf beiden Seiten zu Missverständnissen führten. Kulturstandards sind Arten des Wahrnehmens, Denkens, Wertens und Handelns, die von der Mehrzahl der Mitglieder einer bestimmten Kultur für sich und andere als normal, typisch und verbindlich angesehen werden. Da eigenes und fremdes Verhalten unter anderem durch Kulturstandards gesteuert und beurteilt wird, besitzen sie eine entscheidende Regulationsfunktion für die Situationsbewältigung beim Umgang mit Personen aus unterschiedlichen Kulturen. Die individuelle und gruppentypische Art des Umgangs mit Kulturstandards zur Verhaltensregulation kann innerhalb eines gewissen Toleranzbereichs variieren. Das folgende Training nimmt zwar Bezug auf sieben niederländische Kulturstandards, die aus dem Befragungsmaterial ermittelt wurden, doch beschreiben diese keineswegs die niederländische Kultur als Ganzes. Zu berücksichtigen ist, dass die für dieses Training verwandten Kulturstandards aus dem Blickwinkel deutscher Manager, Fach- und Führungskräfte entwickelt wurden und zunächst einmal auf deren Interaktionsbereiche im Umgang mit Niederländern bezogen sind. In diesem Sinne sind Kulturstandards Orientierungshilfen, mit deren Unterstützung ein Verständnis für das Partnerverhalten aufgebaut und das eigene kulturspezifische Orientierungssystem relativiert und reflektiert werden kann.

Zu beachten ist weiterhin, dass sich Kulturstandards über einen mehr oder weniger langen kulturhistorischen Zeitraum hinweg bis zur gegenwärtigen handlungswirksamen Ausprägung hin entwickelt haben. Es handelt sich also nicht um statische Größen, sondern um handlungswirksame Bestandteile einer Kultur, die sich mit den gesellschaftlichen, ökonomischen und politischen Bedingungen und Entwicklungen verändern. Zudem ist es wichtig, darauf hinzuweisen, dass sich die Kulturstandards in vielen Situationen überlappen. Bei der Erläuterung der einzelnen Kulturstandards wird daher darauf hingewiesen, wenn eine Begründung für mehrere Bereiche gültig ist.

Der Ablauf des vorliegenden Trainings gründet im Wesentlichen auf dem Format des so genannten kulturspezifischen »Culture Assimilator« oder auch »Culture Sensitizer«, das in den 1960er Jahren entwickelt wurde und in der wissenschaftlichen Literatur große Beachtung gefunden hat. Der Schwerpunkt liegt dabei auf der Sensibilisierung für die kulturspezifischen Ausprägungen von Wahrnehmungs-, Denk-, Urteils-, Empfindungs- und Handlungsprozessen und dem Aufbau eines entsprechenden Wissens. Damit zählt es zu den kognitiv-zentrierten und verstehensorientierten Trainings. Diese ermöglichen es dem Lernenden, mit Hilfe der zur Verfügung gestellten Lerninhalte und einer daran angepassten Lerndidaktik das ihm fremd erscheinende Verhalten in der niederländischen Kultur adäquat zu beurteilen und einzuschätzen.

Die niederländischen Kulturstandards sind selbstverständlich nicht immer zwingend in allen Bereichen der Gesellschaft vorzufinden. Befinden sich aber ein Deutscher und ein Niederländer in einer kritischen Interaktionssituation, besteht eine erhöhte Wahrscheinlichkeit, dass das Verhalten durch einen der nachfolgend beschriebenen Aspekte und seine kulturhistorische Verankerung interpretierbar und dadurch besser verstehbar wird. Natürlich können auch in den Niederlanden zahlreiche individuelle, regionale und branchenabhängige Unterschiede auftauchen, auf die man jederzeit gefasst sein sollte. So herrscht auch in den Niederlanden im Bank- und Finanzbereich eine formellere Arbeitsatmosphäre als beispielsweise in der Werbebranche. Auch die regionalen Unterschiede können zum Teil erheblich sein, etwa zwischen dem calvinistisch geprägten Norden und dem katholischen Süden. Die Kulturstandards beschreiben vor allem die niederländische Kultur im Gebiet der »Randstad« im Westen des Landes (des seeseitigen »Rands«). Die Region umfasst die Städte Amsterdam, Den Haag, Rotterdam und Utrecht, hier leben 50 % der niederländischen Bevölkerung. Die Randstad ist das wirtschaftliche Zentrum des Landes, hier sind die größten Unternehmen angesiedelt. Schon seit Jahrhunderten bestimmt dieses Gebiet die niederländische Wirtschaft, die hier herrschenden Regeln haben daher die gesamten Niederlande stark geprägt. Der Text enthält jedoch auch Hinweise auf mögliche regionale Abweichungen. Da die vorgegebenen kritischen Interaktionssituationen aus einer großen Anzahl ähnlicher Erfahrungen ausgesucht wurden, stehen sie gleichsam prototypisch für eine in der deutsch-niederländischen Zusammenarbeit immer wieder zu beobachtende Art und Weise der interkulturell beeinflussten Kommunikation und Kooperation.

■ Aufbau und Ablauf des Trainings

Zunächst wird eine Beispielsituation geschildert, die in die Frage an den deutschen Leser mündet, warum der Niederländer oder die Niederländerin sich so unerwartet verhalten hat. Im nächsten Schritt werden dem Lernenden vier unterschiedliche Deutungen für dieses Verhalten vorgegeben, die unter kulturspezifischen Aspekten alle mehr oder weniger zutreffende Erklärungen bereithalten. Nach der vergleichenden Betrachtung dieser Deutungsalternativen hat der Lernende die Aufgabe, jede der vier Möglichkeiten auf einer Skala von »sehr zutreffend« bis »nicht zutreffend« zu bewerten.

Anschließend erhält er zu jeder Antwortalternative eine ausführliche Erläuterung, die es ihm ermöglicht zu beurteilen, mit welcher Präzision er die vorgegebene kritische Interaktionssituation eingeschätzt hat. Es wird erklärt, warum einige der vorgeschlagenen Deutungen den Kern des Problems treffen, andere hingegen weniger. Gleichzeitig wird der Leser gebeten, in Ruhe zu überlegen, wie er selbst in einer vergleichbaren Situation reagieren würde. Die Aufgabe besteht darin, aufgrund der Erläuterungen eine problemlösende, den kulturellen Besonderheiten angemessene Strategie zu entwickeln. In einem weiteren Abschnitt findet er dann unter der Überschrift »Lösungsstrategie« einen von Experten erstellten Problemlöseverlauf vor, aus dem er ersehen kann, wie er sich in einer vergleichbaren Interaktionssituation verhalten sollte, um Missverständnisse und Irritationen zu vermeiden. Diese begründete Problemlösestrategie kann er dann mit seinen eigenen Vorstellungen vergleichen.

Das Training besteht also aus vier Schritten: Situation, verschiedene Erklärungsvorschläge, Erläuterung der Vorschläge, Lösungsstrategie. Es ist in sieben große Themenbereiche gegliedert, die die einzelnen Kulturstandards jeweils anhand mehrerer Beispiele illustrieren. Abgeschlossen wird jeder Themenbereich mit einer kulturhistorischen Verankerung. Hier wird erklärt, wie sich ein Kulturstandard im Verlaufe der niederländischen Kulturgeschichte entwickelt hat und welche Bedeutung ihm über die jeweilige Fallsituationen hinaus für die Zusammenarbeit zwischen Niederländern und Deutschen zukommt. Zum Abschluss des Trainings sind die Kulturstandards stichwortartig nochmals im Überblick zusammengefasst, ergänzt durch eine Liste mit Literaturhinweisen zum Thema Leben und Arbeiten in den Niederlanden.

■ Hinweise für die Bearbeitung

Eine Vielzahl von Studien belegen, dass ein Trainingsmaterial dieser Art sowohl für das Selbststudium als auch für Gruppentrainings geeignet ist. Wird das vorliegende Material zum Selbststudium genutzt, so ist eine optimale Trainingswirkung jedoch erst durch die Einhaltung des im Folgenden näher beschriebenen Bearbeitungsprozesses gewährleistet.

Die Situationsschilderungen sind bewusst kurz gehalten und nicht durch weitschweifige Detailschilderungen ausgeschmückt. So bieten sie dem Leser die Chance, sich in die Situation des deutschen Protagonisten hineinzuversetzen und seine Reaktion auf das erwartungswidrige Verhalten des niederländischen Partners nach-

21

zuvollziehen. Erst nach einem intensiven Durchdenken der kritischen Interaktionssituation ist es sinnvoll, die vier Deutungen zu lesen. Jede dieser Deutungen ist auf der vorgegebenen Skala in Bezug auf ihre kulturspezifische Stimmigkeit einzuordnen.

Erst wenn diese Arbeit abgeschlossen ist, sollte der Leser oder die Leserin sich mit den Erläuterungen zu den vier verschiedenen Deutungen beschäftigen und diese mit der eigenen Lösung vergleichen. Der mit diesem Analyseschritt verbundene Lerneffekt wird nicht dadurch erreicht, dass man so schnell wie möglich versucht, die einzig richtige respektive kulturadäquate Deutung zu finden und dann festzustellen, inwieweit die eigene Beurteilungszuschreibung mit der im Text präsentierten übereinstimmt. Vielmehr kommt es darauf an, differenziert und mit Bedacht die verschiedenen perspektivischen Betrachtungen zu vergleichen, die durch die vorgegebenen Deutungen angeregt werden. Auch die als nicht kulturadäquat zu betrachtenden Möglichkeiten enthalten eine gewisse Plausibilität im Zusammenhang der kritischen Interaktionssituation. Somit fördert das vergleichende Betrachten und Analysieren der verschiedenen Antwortalternativen im Zusammenhang mit den vorgegebenen Erläuterungen eine für das interkulturelle Verstehen wichtige Fähigkeit, nämlich den Perspektivenwechsel.

Diese Fähigkeit ist gerade in unbekannten Situationen im Umgang mit niederländischen Partnern von großem Nutzen, wenn es darum geht, eine Erklärung für ein zunächst fremd erscheinendes Verhalten zu finden. Die interkulturelle Kompetenz zeigt sich dann darin, dass der deutsche Mitarbeiter in der Lage ist, selbstständig unterschiedliche Deutungen zu entwickeln und diese dann auf ihre kulturelle Stimmigkeit hin zu prüfen. Nur so kann Verständnis für das Verhalten des niederländischen Partners aufgebaut werden. Ähnlich verhält es sich mit der selbst entwickelten Lösungsstrategie und der für jede Interaktionssituation vorgegebenen expertenbasierten Lösungsstrategie. Die erwünschte interkulturelle Handlungskompetenz bedeutet nicht, schnell irgendeine Lösungsstrategie anzuwenden – das Ziel liegt vielmehr darin, verschiedene passende Lösungsstrategien verfügbar zu haben, um im Einzelfall flexibel und kulturadäquat reagieren zu können.

Die weiteren kritischen Interaktionssituationen, die alle auf die Handlungswirksamkeit eines niederländischen Kulturstandards zurückzuführen sind, sollten in gleicher Weise und mit Bedacht bearbeitet werden, um so ein Gespür für die kulturelle Bedingtheit unterschiedlicher Begegnungssituationen durch ein und denselben Kulturstandard zu schulen. Ein großes Interpretationsspektrum erleichtert dabei den Transfer des Gelernten in die interkulturelle Begegnungspraxis.

Im Rahmen gruppenbezogener Trainings besteht die Möglichkeit, die kulturell bedingt kritischen Interaktionssituationen im Rollenspiel darzustellen und verschiedene Deutungsalternativen in der Gruppe zu präsentieren, vergleichend zu analysieren und zu diskutieren. Unterschiedliche Möglichkeiten kuluradäquater Verhaltensreaktionen können auch aus der Gruppe heraus entwickelt, diskutiert und im Rollenspiel erprobt werden. Darüber hinaus bietet ein Gruppentraining den Vorteil, nicht nur die kulturspezifischen Verhaltensreaktionen der niederländischen Partner zu diskutieren, sondern auch die kulturspezifischen Wahrnehmungen, Urteilsprozesse, Emotionen und Reaktionen auf deutscher Seite im wechselseitigen Dialog zu erörtern.

Gerade das Entwickeln unterschiedlicher perspektivischer Betrachtungen kulturspezifischer Verhaltensreaktionen sowie ihrer Grundlagen und Wirkungen auf kognitiver, emotionaler und verhaltensbezogener Ebene fördert eine wichtige Komponente interkultureller Kompetenz: die Fähigkeit zum kulturspezifischen Relativieren. Im Gruppentraining führen gerade die Diskussionen innerhalb der Gruppe zu unterschiedlichen, divergenten Betrachtungen, die alle ein gewisses Maß an Plausibilität aufweisen, so dass die Teilnehmer erfahren, dass interkulturelle Begegnungssituationen ebenso wie ihre Bedingungskonstellationen, Verlaufsprozesse und Wirkungen von oft unausweichlichen Widersprüchen bestimmt sind. Dies fördert eine weitere wichtige Komponente interkultureller Handlungskompetenz, die Ambiguitätstoleranz. Dies meint die Fähigkeit, Widersprüchlichkeiten und Uneindeutigkeiten zu tolerieren und mit ihnen umgehen zu können.

Als besonders lernwirksam hat sich erwiesen, die kritischen Interaktionssituationen zusätzlich in Form einer kurzen Videosequenz zu präsentieren, die durch ihre konkrete Darstellung besser im Gedächtnis haften bleibt. Darüber hinaus ist es im Rahmen von Gruppentrainings sinnvoll, Videofeedbackverfahren einzusetzen, besonders im Zusammenhang mit Rollenspielen. Wahlweise kann ein gruppenbezogenes Training von einem deutsch-niederländischen Trainerteam moderiert werden, zudem könnte auch die Trainingsgruppe aus deutschen und niederländischen Teilnehmern bestehen. Durch den Einsatz erlebnisorientierter Methodenbausteine werden neben der kognitiven Ebene auch in verstärktem Maße die emotionale und die handlungsbezogene Ebene aktiviert.

Ein gruppenbasiertes Training bietet außerdem den Vorteil, dass in der gemeinsamen Diskussion über die Gründe für das Entstehen kulturell bedingt kritischer Interaktionssituationen und der unerwarteten Verhaltensreaktionen niederländischer Partner auch die eigenkulturelle deutsche Orientierung verstärkt in den Mittelpunkt der Analyse und Reflexion rückt. Die unerwarteten Verhaltensreaktionen sind ja nur deshalb fremd, weil der deutsche Beobachter ein spezifisches, seinem eigenen kulturellen Orientierungssystem entsprechendes Verhalten erwartet, das der Partner aber nicht präsentiert. Daher finden sich in den Erklärungen zu den Deutungsalternativen, in den Lösungsstrategien und den Texten zur kulturhistorischen Verankerung der Kulturstandards auch Erläuterungen zu den jeweils aktivierten Charakteristiken des deutschen kulturellen Orientierungssystems.

Die kulturhistorischen Abschnitte zu den Kulturstandards und die Darstellung der geschichtlichen Entwicklung der niederländischen Gesellschaft geben dem Leser die Möglichkeit, die an Einzelbeispielen detaillierter Verhaltens- und Interaktionsanalysen gewonnenen Einsichten und Erkenntnisse in einen übergreifenden Kontext einzuordnen. Kulturspezifische Erkenntnisse sowie durch die Bearbeitung von Beispielfällen gewonnene Einsichten werden so zu einem Netzwerk von Referenzstrukturen, auf dessen Grundlage der Leser in der konkreten Zusammenarbeit mit Niederländern selbstständig kulturadäquate Entscheidungen treffen, Handlungsinitiativen starten sowie Personen- und Situationsbewertungen vornehmen kann. Genau darin liegt die komplexe interkulturelle Kompetenz auf hohem Niveau, die in diesem Trainingsprogramm angestrebt wird.

Wir wünschen Ihnen viel Freude bei der Beschäftigung mit einem vielfältigen Land, das Tradition mit Moderne verbindet, wissenschaftliche Forschung auf höchstem Niveau bietet, wirtschaftlich floriert und durch die Jahrhunderte hinweg immer wieder mit großen Leistungen auf dem Gebiet der Kunst und Kultur hervortrat. Ein inzwischen berühmtes Beispiel für die niederländische Architektur der Moderne ist das 2004 eröffnete Botschaftsgebäude mitten in Berlin – ein von Rem Koolhaas entworfener gläserner Kubus, der direkt am Wasser gelegen ist und nicht nur Architekturliebhaber begeistert.

Auffallend für Deutsche ist jedoch vor allem die Art und Weise, wie Niederländer am Arbeitsplatz und im Alltagsleben miteinander umgehen, aufeinander zugehen, miteinander kommunizieren und kooperieren. Diese Vielfalt kennen zu lernen und zu ergründen, sie wertzuschätzen und sie als Bereicherung zu empfinden – dies schafft genau den Freiraum und die Kompetenz, die jemand braucht, um sich in den Niederlanden wohl zu fühlen.

■ Themenbereich 1:
Flache Hierarchie

■ Beispiel 1: Der Blocksatz

■ Situation

Philipp König wechselt von einer Topkanzlei aus Deutschland zu einem sehr angesehenen Rechtsanwaltsbüro in den Niederlanden. Als anerkannter, promovierter Rechtsanwalt soll er sich vor allem um deutsch-niederländische Kontakte kümmern. Nach wenigen Tagen bittet er seine Sekretärin, Marijke de Witt, einen Schriftsatz zu verfassen und an das Oberlandesgericht Hamburg zu schicken. Er gibt an, dass der Text in Blocksatz mit einem bestimmten Zeilenabstand zu schreiben ist. Marijke de Witt ist mit der Form des Textes jedoch nicht einverstanden und beginnt, mit ihm zu diskutieren. Sie argumentiert, dass er nun in einer niederländischen Kanzlei arbeite und dass hier ein anderes Layout üblich sei. Philipp König ist solche Einwände von seinen deutschen Sekretärinnen nicht gewohnt, lässt sich jedoch auf eine Diskussion ein und glaubt, Marijke de Witt überzeugt zu haben. Am nächsten Tag legt sie ihm dennoch den Text in der niederländischen Variante vor. Auf sein Nachfragen erklärt sie, auch ihre Kollegin im Sekretariat habe ihr zugestimmt, dass dies die hier übliche Variante sei.
Wie ist das Verhalten von Marijke de Witt zu erklären?

– Lesen Sie nun die Antwortalternativen nacheinander durch.
– Bestimmen Sie den Erklärungswert jeder Antwortalternative für die gegebene Situation und kreuzen Sie ihn auf der darunter befindlichen Skala an. Es ist möglich, dass mehrere Antwortalternativen den gleichen Erklärungswert besitzen.

■ Deutungen

a) Marijke de Witt hat nicht verstanden, was Philipp König von ihr wollte. Da Niederländer aber Schwächen nicht gern zugeben, versucht sie mit allen Mitteln am Altbewährten festzuhalten.

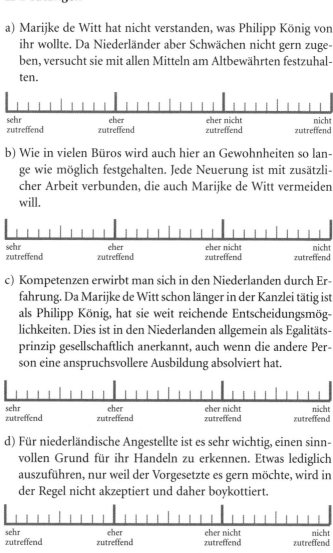

| sehr zutreffend | eher zutreffend | eher nicht zutreffend | nicht zutreffend |

b) Wie in vielen Büros wird auch hier an Gewohnheiten so lange wie möglich festgehalten. Jede Neuerung ist mit zusätzlicher Arbeit verbunden, die auch Marijke de Witt vermeiden will.

| sehr zutreffend | eher zutreffend | eher nicht zutreffend | nicht zutreffend |

c) Kompetenzen erwirbt man sich in den Niederlanden durch Erfahrung. Da Marijke de Witt schon länger in der Kanzlei tätig ist als Philipp König, hat sie weit reichende Entscheidungsmöglichkeiten. Dies ist in den Niederlanden allgemein als Egalitätsprinzip gesellschaftlich anerkannt, auch wenn die andere Person eine anspruchsvollere Ausbildung absolviert hat.

| sehr zutreffend | eher zutreffend | eher nicht zutreffend | nicht zutreffend |

d) Für niederländische Angestellte ist es sehr wichtig, einen sinnvollen Grund für ihr Handeln zu erkennen. Etwas lediglich auszuführen, nur weil der Vorgesetzte es gern möchte, wird in der Regel nicht akzeptiert und daher boykottiert.

| sehr zutreffend | eher zutreffend | eher nicht zutreffend | nicht zutreffend |

– Versuchen Sie, Ihre Einstufung jeder Antwortalternative zu begründen. Halten Sie die Begründung stichpunktartig fest!

– Lesen Sie nun die Erläuterungen zu jeder Antwortalternative durch, vergleichen Sie diese mit Ihren eigenen Begründungen und suchen Sie nach einer Lösung.

◼ Bedeutungen

Erläuterung zu a):

Eine Sekretärin in einer angesehenen Kanzlei weiß genau, was ein Blocksatz und was ein Zeilenabstand ist. Sie fragt ja auch nicht nach, sondern erklärt ihrem deutschen Chef, dass bisher immer anders formatiert wurde. Auch die einsetzende Diskussion, in der Philipp König glaubt, Marijke de Witt überzeugt zu haben, dass seine Anordnung zu besseren Resultaten führt, zeigt, dass hier keine sprachlichen oder fachlichen Verständigungsschwierigkeiten vorliegen.

Erläuterung zu b):

Mangelnde Flexibilität, das Festhalten an lieb gewonnenen Gewohnheiten auch wider bessere Argumente ist ein altes und immer wiederkehrendes Problem in der Arbeitswelt. Andererseits weiß jede gute Sekretärin, dass sie sich auf einen neuen Chef, besonders wenn er Ausländer ist, neu einstellen muss. Die Tatsache, dass Marijke de Witt trotz offensichtlich überzeugender Belehrung durch ihren Chef der Anweisung nicht folgt, sondern sich um eine Unterstützung im Kolleginnenkreis bemüht, ist schon auffällig und nicht einfach nur mit der Tendenz, am Üblichen festzuhalten, zu erklären.

Erläuterung zu c):

In den Niederlanden erwirbt man sich Kompetenzbereiche vor allem durch gute Arbeitsleistungen. Ein akademischer Abschluss sagt noch nichts über die tatsächliche Qualifikation aus. Eine langjährige erfolgreiche Firmenzugehörigkeit kann schneller als in Deutschland auch ohne Universitätsabschluss zu einer einflussreichen Position in der Firma führen. Allerdings besteht auch in den Niederlanden kein Zweifel daran, dass ein promovierter Rechtsanwalt in einer Kanzlei größere Entscheidungsbefugnisse hat als seine Sekretärin. Die Antwort ist somit in dieser Situation nicht die richtige Deutung.

Erläuterung zu d):

Auch als Chef muss man in den Niederlanden immer an die Einsichtsfähigkeit der Mitarbeiter appellieren. Unabhängig von der Position wollen Niederländer auch bei kleinen Tätigkeiten mitdenken und von der Richtigkeit ihrer Handlungen überzeugt sein. Ein »Kadavergehorsam« ist ihnen fremd, egal wie wichtig der andere sein mag. Auch die niederländischen Chefs müssen ihren Sekretärinnen immer den Sinn und Zweck ihrer Aufträge erklären.

Niederländische Mitarbeiter sind bereit, sich zu engagieren, sehr viel für den Vorgesetzten zu tun – aber nur, wenn sie wissen, weshalb. Sie sind dem Chef gegenüber sehr selbstbewusst und äußern deutlich, was ihnen nicht passt. Wenn sie von einer Aufgabe nicht überzeugt sind, kann es häufig vorkommen, dass sie diese nicht ausführen. Somit handelt es sich hier um die richtige Deutung der Situation.

■ Lösungsstrategie

Philipp König muss versuchen, seine Sekretärin von der Richtigkeit des Handelns zu überzeugen. Auch wenn er denkt, dass dadurch wertvolle Zeit verloren geht, wird er schnell merken, dass sich dies auszahlt und er langfristig eine sehr loyale Mitarbeiterin für sich gewinnen kann. Er muss seiner Angestellten erklären, dass es um den Empfänger des Schriftsatzes geht und nicht um den Absender. Der Brief soll an einen deutschen Richter geschickt werden, und den gilt es zu überzeugen. Es ist davon auszugehen, dass dieser am liebsten mit den ihm geläufigen Schriftsätzen arbeitet. Den breiten Rand etwa nutzen deutsche Richter, um direkt neben dem Text Anmerkungen zu machen. Philipp König sollte der Sekretärin erklären, dass es seine Kompetenz als Deutscher in dieser Kanzlei ist, den deutschen Richter angemessen und erfolgversprechend anzuschreiben.

Damit würde er auch an die jahrhundertelange Handelsmentalität der Niederlande appellieren. Er selbst ist vom niederländischen Arbeitgeber eingekauft worden, da er eine besondere Kommunikationskompetenz im Kontakt mit Deutschen hat, und diesen Vorteil muss die Kanzlei nutzen. Das sind Argumente, die überzeugen, und die Sekretärin wird am nächsten Tag den Schriftsatz ganz nach seinen Vorstellungen vorlegen. Vor allem sollte Philipp König deren Widerspruch nicht als Affront gegen ihn persönlich sehen und sich nicht beleidigt zurückziehen. Versuchen Sie als Deutscher in einer ähnlichen Situation vor allem, das Verhalten nicht als Ausdruck einer Abneigung gegen Deutsche zu sehen. Auch niederländische Chefs müssen erst lernen, mit ihren Angestellten angemessen umzugehen. Greifen Sie den Widerspruch als Diskussionspunkt auf, der Ihnen Gelegenheit gibt, Ihr gleichberechtigtes Rollenverständnis zu übermitteln. Das ist die Basis für die erfolgreiche zukünftige Zusammenarbeit. Es hat keinen Sinn zu versuchen, Dinge autoritär durchzusetzen. Wenn Sie als Führungskraft in den Niederlanden arbeiten, dann lassen Sie bei Anweisungen die andere Person am besten an Ihren Überlegungen teilhaben und formulieren Sie Ihren Auftrag als freundliche Bitte. Das gilt auch, wenn ein Mitarbeiter nach deutschem Verständnis mehrere Hierarchiestufen unter Ihnen steht. Greifen Sie die Widersprüche der Sekretärin als Arbeitshilfe auf. Wenn Sie in einer deutschen Topkanzlei als hochqualifizierter Rechtsanwalt einen Text verfassen, kommt es häufig vor, dass die Sekretärin diesen vollständig übernimmt und nach dem Motto handelt: »Wenn Dr. jur. König LL. M. das sagt, dann wird es sicher stimmen.« Niederländische Sekretärinnen sind hingegen häufig sehr kritisch gegenüber ihrem Chef. Wenn Deutsche in den Niederlanden anfangs oft genervt sind, dass die Sekretärin nicht einfach die Arbeiten erledigt und ständig etwas anzumerken hat, so angenehm empfinden sie es später, wenn sie merken, dass dadurch das Endergebnis oft besser wird. Niederländische Chefs werten widersprüchliche Meinungen generell als positives kritisches Mitdenken der Mitarbeiter. Die Sekretärin will durch ihr Handeln mit dazu beitragen, dass die Kanzlei nach außen einheitlich auftritt und der Hausstil eingehalten wird. Das Arbeitsleben in den Niederlanden ist sehr egalitär und teamorientiert. Es ist die Aufgabe jedes Mitarbeiters, nicht nur im eigenen Bereich

Fehler so gut es geht zu vermeiden. So sieht man auch in der Arbeit von Personen auf niedrigeren Hierarchiestufen noch eine Kontrollinstanz. Dadurch werden oft im Nachhinein noch Unstimmigkeiten oder Fehler aufgedeckt sowie konstruktive Verbesserungsvorschläge gemacht. Das ist ein positiver Aspekt der Unternehmenskultur in vielen niederländischen Kanzleien und Betrieben. Auch wenn in den Niederlanden die letzte Entscheidung meist der Chef trifft, sind die Mitarbeiter viel motivierter, wenn sie selbst mitdenken können und ihre Schlussfolgerungen auch formulieren dürfen.

■ Beispiel 2: Die Datenbank

■ Situation

Angelika Kastanie arbeitet seit einem Jahr als Assistent Account Managerin in einer Softwarefirma in den Niederlanden. Unter anderem ist sie für Aufbau und Pflege einer neuen Datenbank zuständig. Dabei bittet sie mehrmals die anderen Mitarbeiter, sie bei der Aktualisierung der Daten zu unterstützen. Eines Tages meldet sich ihr Chef, Jan-Pieter Molenaar, von einem Geschäftstermin in den USA und benötigt dringend Vertragsdaten. Diese wurden von dem betreffenden niederländischen Mitarbeiter aber noch nicht in das neue System eingefügt. Zudem befindet sich dieser selbst gerade im Ausland und ist nicht erreichbar. Mühsam suchen die Mitarbeiter des Büros die erforderlichen Unterlagen zusammen, alles muss improvisiert werden. Als Jan-Pieter Molenaar zurückkommt, vermisst Angelika Kastanie ein entschiedenes Machtwort. Der Chef äußert zwar Kritik, aber Konsequenzen für den unachtsamen Mitarbeiter hat das anscheinend nicht. Angelika Kastanie hätte auf eine konkrete Androhung von Konsequenzen für die Zukunft gehofft, um die Mitarbeiter generell verstärkt zu einem verantwortungsvolleren Umgang mit der Datenbank zu bewegen. Sie fühlt sich für das System persönlich verantwortlich, hat aber das Gefühl, keine Unterstützung für die Umsetzung zu bekommen.

Wie lässt sich das Verhalten von Jan-Pieter Molenaar erklären?

- Versuchen Sie, Ihre Einstufung jeder Antwortalternative zu begründen. Halten Sie die Begründung stichpunktartig fest!
- Lesen Sie nun die Erläuterungen zu jeder Antwortalternative durch, vergleichen Sie diese mit Ihren eigenen Begründungen und suchen Sie nach einer Lösung.

■ Deutungen

a) Jan-Pieter Molenaar ist eine schwache Führungspersönlichkeit. In den Niederlanden sind hingegen sehr durchsetzungsfähige Menschen in Führungspositionen gefragt. Die Mitarbeiter wollen klare Richtlinien. Jan-Pieter Molenaar ist zu nachgiebig und so tanzen die Mitarbeiter ihm regelrecht auf der Nase herum.

| sehr zutreffend | eher zutreffend | eher nicht zutreffend | nicht zutreffend |

b) Für den Chef ist es am wichtigsten, dass die Daten letztendlich vorgelegen haben – auch wenn die Recherche etwas mehr Arbeit gekostet hat. Jan-Pieter Molenaar will die Mitarbeiter nicht verärgern, wenn es nicht unbedingt nötig ist.

| sehr zutreffend | eher zutreffend | eher nicht zutreffend | nicht zutreffend |

c) Jan-Pieter Molenaar hat von seinen niederländischen Angestellten eine falsche Information über den Vorgang erhalten. Die Mitarbeiter haben die mühevolle Suche vertuscht, um keinen Ärger zu bekommen. Jan-Pieter Molenaar geht somit nach seiner Rückkehr von falschen Voraussetzungen aus.

| sehr zutreffend | eher zutreffend | eher nicht zutreffend | nicht zutreffend |

d) Machtworte werden in niederländischen Firmen selten ausgesprochen. Es wird immer darauf geachtet, dass einzelne Mitarbeiter nicht ihr Gesicht verlieren.

| sehr zutreffend | eher zutreffend | eher nicht zutreffend | nicht zutreffend |

- Versuchen Sie, Ihre Einstufung jeder Antwortalternative zu begründen. Halten Sie die Begründung stichpunktartig fest!
- Lesen Sie nun die Erläuterungen zu jeder Antwortalternative durch, vergleichen Sie diese mit Ihren eigenen Begründungen und suchen Sie nach einer Lösung.

■ Bedeutungen

Erläuterung zu a):

Auch in den Niederlanden haben es charismatische Personen leichter, in Führungspositionen anerkannt zu werden. Allerdings sehen sie nicht ihre Hauptaufgabe darin, sich als besonders starke Person gegen die anderen durchzusetzen und klare Richtlinien zu geben. Vielmehr steht die Arbeit im Team im Vordergrund. Das Verhalten von Jan-Pieter Molenaar in der dargestellten Situation ist nicht unbedingt auf eine Führungsschwäche seiner Person zurückzuführen. Sein Verhalten ist vielmehr typisch für einen niederländischen Chef. Die Situation ist durch eine andere Deutung erklärbar und eher nicht zutreffend.

Erläuterung zu b):

Niederländer sind sehr pragmatisch orientiert, Deutsche sind tendenziell eher Perfektionisten! Tatsächlich zählt für einen niederländischen Chef vor allem, dass das Endergebnis stimmt. In Deutschland wird in diesen Fällen stärker der Frage nachgegangen, warum Dinge nicht funktioniert haben und wie der Ablauf perfektioniert werden kann. Dabei fehlt den Deutschen jedoch häufig die Flexibilität, auf unvorhergesehene Ereignisse zu reagieren. Diese Antwort enthält somit einen Teilaspekt der Situation, eine andere Deutung ist aber noch entscheidender.

Erläuterung zu c):

Sicher hat Jan-Pieter Molenaar mitbekommen, dass es etwas gedauert hat, bis er die nötigen Daten für den Geschäftstermin in den USA bekommen hat. Er benötigte die Daten dringend, was ihn wahrscheinlich in Erklärungsnot vor seinen Geschäftspartnern brachte. Dennoch hatte dies nach seiner Rückkehr keine großen Konsequenzen für die Angestellten und dafür muss es einen Grund geben. Die vorgeschlagene Antwort trifft daher nicht zu.

Erläuterung zu d):
Strafandrohungen sind für niederländische Chefs untypisch. Vorgesetzte hauen nicht mit der Faust auf den Tisch, Probleme werden eher in der Gruppe ausdiskutiert. Den Mitarbeitern gegenüber bei Verstößen sehr laut zu werden oder sie in strengem Ton zu maßregeln, gilt als Tabu. Repressalien gibt es nur bei schwerwiegenden Verstößen. Aufgrund des großen Selbstbewusstseins würden sich niederländische Angestellte ein anderes Verhalten nicht gefallen lassen. Mitarbeiter zusammenzustauchen, weckt in den Niederlanden, noch mehr als in Deutschland, eine automatisierte Verteidigungshaltung oder einen vollständigen Boykott. Diese Antwort erklärt die Situation somit recht gut.

■ Hinweise zur Lösung der Situation

Jan-Pieter Molenaar hat sich in dieser Situation für einen niederländischen Chef völlig korrekt verhalten. Als deutsche Fachkraft kann Angelika Kastanie nicht von ihm erwarten, dass er seine Macht demonstriert und die Mitarbeiter so zu einem sorgfältigeren Umgang mit der Datenbank bewegt. Aus ihrer Sicht hat der betreffende Kollege schlampig gearbeitet und sie erwartet nun von ihrem Chef, dass dies gerügt wird. Das Verhältnis zwischen Mitarbeiter und Vorgesetztem ist in den Niederlanden jedoch umgänglicher. Egalität steht in der Gesellschaft an erster Stelle. Den anderen zu stark spüren zu lassen, dass man ihm überlegen ist, widerspricht diesem Prinzip. Hätte Jan-Pieter Molenaar den betreffenden Mitarbeiter streng gemaßregelt, hätte er schnell die gesamte Belegschaft gegen sich aufgebracht. Auch wenn er inhaltlich völlig im Recht wäre, würde er riskieren, dass ihn bei einem solchen Verhalten ein Großteil der Belegschaft nicht mehr unterstützen würde, sondern sich verpflichtet fühlte, den Kollegen in Schutz zu nehmen.

Als Deutscher würde man in dieser Situation unter Umständen eher rational argumentieren: Wenn der Chef das fehlerhafte Verhalten lautstark und verärgert anprangert, vergreift er sich aus Sicht der Mitarbeiter womöglich etwas im Ton, aber letztlich gibt man ihm Recht, da durch die Schlampigkeit des Kollegen Zeit verloren ging. In den Niederlanden werden zu große Machtdemonstrationen jedoch als absolut unnötig abgelehnt. Ein solches Auftreten wird nicht akzeptiert, vor allem, wenn dadurch jemand bloßgestellt wird. In der Regel kündigen Niederländer sogar lieber ihre Stelle, als sich zu viel gefallen zu lassen.

Will man die Mitarbeiter zu einem sorgfältigen Umgang mit der Datenbank bewegen, sollte man ein Treffen einberufen und alle vom Nutzen des neuen Systems überzeugen. Die Angestellten müssen erkennen, dass ein ordentlicher Umgang ihnen viel Zeit und Suche erspart. Haben sie dies akzeptiert, sind sie gewissenhaft in der Handhabung. Solch eine Präsentation der Vorteile der Datenbank hätte Angelika Kastanie auch selbst initiieren können. In den Niederlanden ist eher Eigeninitiative gefragt, als sich auf die Unterstützung des Chefs zu verlassen. Zudem gilt auch in dieser Situation die ungeschriebene goldene Regel, immer mit allen im Team im Kontakt zu bleiben. Ein kleines Schwätzchen, verbunden mit der beiläufigen Frage, wie es mit der Bearbeitung der Daten aussieht, hätte Schlimmeres verhindern können.

Niederländische Chefs lassen die Tür ihres Arbeitszimmers in der Regel offen stehen. Damit demonstrieren sie, immer ansprechbar zu sein. Keiner soll Hemmungen haben, das Chefzimmer zu betreten. Allerdings folgt daraus nicht, dass ein Angestellter wegen jeder Lappalie stören darf. Dies ginge bei anderen Arbeitskollegen auf gleicher Hierarchiestufe ebenso wenig. Bei Problemen und Unzufriedenheit eines Angestellten mit der Arbeit ist die Schwelle, dies beim Chef sofort anzusprechen, jedoch wesentlich geringer als in Deutschland. Die Vereinbarung eines Gesprächstermins mit der Sekretärin im Vorzimmer ist normalerweise nicht notwendig. Sollten Sie selbst als Chef in den Niederlanden arbeiten, werden Sie häufig erleben, dass die Angestellten unangemeldet bei Ihnen auftauchen. Versuchen Sie, sich Zeit für ihre Probleme zu nehmen, auch wenn es Ihnen gerade schlecht passt. Als Deutscher mögen Sie selbstverständlich finden, dass Sie nicht ständig gestört werden möchten, um effektiv arbeiten zu können. In den Niederlanden wird dies schnell als Arroganz und Abschottung interpretiert. Haben Sie jedoch eine Aufgabe, etwa die Ausarbeitung eines Vertrages, bei der Sie absolute Ruhe brauchen, teilen Sie dies Ihren Mitarbeitern durch eine Nachricht an der Tür mit der Angabe Ihrer Gründe mit. Signalisieren Sie jedoch zugleich, in Kürze wieder ansprechbar zu sein. Die offenen Türen sind von großer Bedeutung, da man damit nach außen den Machtunterschied zwischen Chef und Angestellten verringern kann, was in der egalitären Gesellschaft sehr wichtig ist.

■ Beispiel 3: Das dringende Fax

■ Situation

Der promovierte deutsche Betriebswirt Holger Knef arbeitet als Unternehmensberater in den Niederlanden. Er ist daran beteiligt, neue Produktionskonzepte für größere Unternehmen zu erarbeiten. Eines Tages muss er dringend ein Fax nach Deutschland zu einem Kunden senden. Er weiß, dass die Berliner Firma in spätestens einer Stunde schließt. So geht er schnell zu der Sekretärin, Ruth van Helvoort, mit der Bemerkung »Guten Tag, Ruth, fax das bitte schnell nach Berlin. Die Nummer steht auf dem Brief. Danke.« Als er ihr Büro verlassen will, ruft Ruth van Helvoort ihn jedoch zurück. Ihr gefalle sein Tonfall nicht, er sei unfreundlich. Zudem sei er nicht der Einzige, der Aufgaben zu erledigen habe, und sie müsse noch andere Dinge fertigstellen. Holger Knef aber will zurück an seinen Arbeitsplatz, weil er viel zu tun hat. Er hat jetzt keine Lust und Zeit, mit Ruth van Helvoort zu diskutieren, und ist ärgerlich.

Wie erklären Sie sich das Verhalten der Sekretärin Ruth van Helvoort?

37

- Lesen Sie nun die Antwortalternativen nacheinander durch.
- Bestimmen Sie den Erklärungswert jeder Antwortalternative für die gegebene Situation und kreuzen Sie ihn auf der darunter befindlichen Skala an. Es ist möglich, dass mehrere Antwortalternativen den gleichen Erklärungswert besitzen.

■ Deutungen

a) Ruth van Helvoort ist es nicht gewohnt und auch sonst unfähig, einen Arbeitsablauf einfach zu unterbrechen, um gleichzeitig eine andere Arbeit zu erledigen. Diesen Stress hält sie nicht aus und deshalb wehrt sie sich.

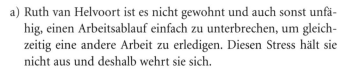

| sehr zutreffend | eher zutreffend | eher nicht zutreffend | nicht zutreffend |

b) Anweisungen an andere Personen werden in den Niederlanden immer als Frage formuliert. Eine aus deutscher Sicht höfliche Bitte ist nicht ausreichend.

| sehr zutreffend | eher zutreffend | eher nicht zutreffend | nicht zutreffend |

c) Ruth van Helvoort leidet darunter, dass sie nur eine Sekretärinnenstelle bekleidet. Sie fühlt sich als Frau und auch fachlich zu Höherem berufen und reagiert doppelt gereizt; einmal, weil ein Mann ihr einen Auftrag erteilt, und zum anderen, weil das Verschicken eines Faxes ein Auftrag unter ihrer Würde ist.

| sehr zutreffend | eher zutreffend | eher nicht zutreffend | nicht zutreffend |

d) Ruth van Helvoort findet es unverschämt und respektlos, von Holger Knef einfach geduzt zu werden. Das vereinbart man in den Niederlanden, wenn überhaupt, in gemeinsamem Einvernehmen bei einem »biertje« (Bier) nach der Arbeit.

| sehr zutreffend | eher zutreffend | eher nicht zutreffend | nicht zutreffend |

– Versuchen Sie, Ihre Einstufung jeder Antwortalternative zu begründen. Halten Sie die Begründung stichpunktartig fest!
– Lesen Sie nun die Erläuterungen zu jeder Antwortalternative durch, vergleichen Sie diese mit Ihren eigenen Begründungen und suchen Sie nach einer Lösung.

▇ Bedeutungen

Erläuterung zu a):
Manche Menschen geraten tatsächlich schnell in Panik, wenn sie mehrere Dinge gleichzeitig erledigen sollen, oder wenn sie wegen eines dringenden Vorgangs ihre Arbeit unterbrechen müssen. Hier scheint das aber nicht der Fall zu sein, denn die Sekretärin beklagt sich nicht über die Arbeit, sondern über die Art und Weise, wie Holger Knef die Anweisung erteilt.

Erläuterung zu b):
In den Niederlanden darf man als Chef seiner Sekretärin Aufträge geben, aber die Anweisungen müssen anders verpackt werden. Eine *Bitte,* wie sie in Deutschland meist verwendet wird, reicht nicht aus und klingt für einen niederländischen Angestellten bereits wie ein Befehl. Auch wenn ihm klar ist, dass es zum Aufgabenbereich gehört, bestimmte Tätigkeiten für höhere Vorgesetzte zu erledigen, möchte der Angestellte immer das Gefühl haben, noch »Nein« sagen zu können. Hält man sich als Chef nicht an dieses ungeschriebene Gesetz, kann man von Widerspruch wie in der vorliegenden Situation ausgehen. Es handelt sich hier daher um die richtige Deutung der Situation.

Erläuterung zu c):
Verletzter Stolz und mangelnde persönliche und fachliche Wertschätzung führen oft zu Ablehnung und zu Aggressionen, besonders dann, wenn eine zu große Diskrepanz zwischen dem Idealbild und dem Realbild in Bezug auf Zuständigkeiten und Positionsrang am Arbeitsplatz besteht. Die Situationsschilderung gibt auf diese Thematik aber keinen Hinweis. Positionen und Zuständigkeiten werden überhaupt nicht thematisiert.

Erläuterung zu d):

Der Umgang zwischen Chef und Angestellten ist in den Niederlanden prinzipiell sehr informell und locker. Dies zeigt sich daran, dass schnell geduzt wird und »je« (Du) anstatt von »u« (Sie) verwendet wird. Man muss nicht darauf warten, dass das Du explizit angeboten wird. Ruth van Helvoort hat das Duzen von Holger Knef daher sicher nicht als Respektlosigkeit interpretiert. Eher wird man auch als Chef meist von Anfang an von seinen Angestellten geduzt und beim Vornamen angesprochen.

■ **Lösungsstrategie**

Holger Knef hätte mit seiner Sekretärin wesentlich vorsichtiger umgehen sollen. Er hätte sein Anliegen als Frage formulieren und dann eine Antwort abwarten müssen. Für Niederländer ist es maßgeblich, dass sie das Gefühl bekommen, selbst entscheiden zu dürfen. Jeder weiß letztendlich, wer der Chef ist, aber dabei will man »in zijn eigen waarde gelaten worden« (wörtlich: in seinem eigenen Wert gelassen werden). Die Ausgangsposition niederländischer Mitarbeiter ist immer die von Gleichberechtigung, trotz hierarchischer Beziehungen. Direkte Anweisungen haben in diesem System keinen Platz. Deswegen muss man immer freundlich fragen, anstatt selbstverständlich zu delegieren.

Obwohl Holger Knef natürlich aus deutscher Sicht um etwas bat und nicht befahl, ließ er keine Wahl. Der Unterschied zwischen Frage oder Bitte mag für Sie als Deutscher wie eine unwichtige Kleinigkeit klingen. Dies ist jedoch für niederländische Angestellte nicht der Fall. Hält man sich nicht an dieses ungeschriebene Gesetz, ist von Anfang an das Verhältnis gestört und es herrscht eine schlechte Arbeitsatmosphäre. Sie befinden sich dann in täglichem Kampf mit Ihren Angestellten. Der folgende Satz hätte in der Situation wahrscheinlich bereits gereicht: »Hallo Ruth, ich weiß, dass du auch sehr viel zu tun und wichtige Dinge zu erledigen hast, aber wäre es eventuell möglich, dass du dieses Fax schnell nach Berlin schickst? Das wäre wirklich großartig. Es geht um einen wichtigen Kunden von uns und sein Büro schließt in Kürze. Ich würde es selber machen, muss aber noch einen Vertrag fristgerecht fertig bekommen. Würdest du das machen?« Der Satz mag etwas mehr Zeit in Anspruch nehmen, aber Sie werden merken, wie sehr Ihnen der Umgangston gedankt wird und Ihnen viele Diskussionen erspart. Das gilt gleichermaßen für deutsche wie für niederländische Vorgesetzte. Wie bereits erwähnt, ist es immer erforderlich, die Angestellten von Sinn und Zweck der Anordnung zu überzeugen. Im vorliegenden Fall sollte Holger Knef der Sekretärin Ruth van Helvoort Gründe nennen, warum das Fax so schnell weggeschickt werden muss. Unter Umständen ist solch ein Verhalten für Sie als Leser auch bei Ihrer deutschen Sekretärin selbstverständlich. Auch in Deutschland setzt sich in den letzten Jahren immer mehr ein partizipativer Führungsstil durch.

Prinzipiell ist jedoch die Toleranzgrenze bei niederländischen Angestellten wesentlich geringer, wenn sie den Eindruck haben, nicht genügend in Prozesse mit einbezogen zu werden. Ihnen als Chef wird in den Niederlanden viel schneller Arroganz und Respektlosigkeit unterstellt, wenn bestimmte Umgangsformen nicht eingehalten werden. Meist wird dies Ihrerseits gar nicht so gemeint sein und Sie fühlen sich ungerecht beschuldigt. Gegen einfache Anordnungen gibt es jedoch in den Niederlanden eine ausgeprägte Aversion. Wichtig ist es, sich immer wieder klar zu machen, dass alle Mitarbeiter Mitglieder des Teams sind. Das gilt gleichermaßen für die Praktikantin wie für den Pförtner. Ein Firmenchef oder Universitätsprofessor duzt sich häufig schon am ersten Tag mit seiner Sekretärin oder den Hausmeister und wird von diesen ebenfalls unaufgefordert beim Vornamen angesprochen. Deutsche Führungskräfte interpretieren diesen unkonventionellen Umgangston dann oft fälschlicherweise als Respektlosigkeit. Ein niederländischer Vorstandsvorsitzender unterhält sich hingegen häufig ganz selbstverständlich in der Pause auf gleicher Augenhöhe mit der Sekretärin oder auch mit der Köchin über private Belange und das Wochenende.

Ein Kampf gegen die niederländischen Angestellten ist schwer zu gewinnen. Mit dem nötigen Respekt hingegen kann man sie schnell für sich einnehmen. Gleichzeitig sollten Sie sich auch überlegen, ob es nicht möglich ist, ein Fax selber wegzuschicken oder auch einmal selbst Kaffee zu kochen (und einzuschenken). Das wird von Ihrer Sekretärin sehr aufmerksam registriert werden! Wenn sie nicht für jede Kleinigkeit ihren derzeitigen Arbeitsprozess unterbrechen muss und ihr Vorgesetzter solche »niederen Arbeiten« auch einmal selber übernimmt, fühlt sie sich in ihrer Arbeit geschätzt und ernst genommen.

Zudem gilt es zu beachten, dass diese Umgangsformen auch gelten, wenn Sie selbst mit einem niederländischen Vorgesetzten zu tun haben. Falls Ihr Chef Sie freundlich um etwas bittet oder Sie etwas fragt, überlegen Sie sehr gut, wie groß Ihr Spielraum überhaupt ist. Deutsche machen häufig den Fehler, eine Frage (das heißt: einen Auftrag!) als nicht verbindlich anzusehen, weil das Ganze so freundlich und zurückhaltend formuliert wurde. Dies führt dann später zu großer Verwunderung des Chefs, der meint, sich deutlich ausgedrückt zu haben. Gehen Sie als Deutscher nicht davon aus, dass wichtige Anweisungen und Aufträge auch klar formuliert werden. Fragen Sie unter Umständen besser nach, wie konkret das Anliegen ist und wie viel Zeit Ihnen für die entsprechende Aufgabe eingeräumt wird.

■ Beispiel 4: Entscheidungsspielraum

■ Situation

Der 30-jährige Christian Linden tritt nach seinem Studium eine Stelle als Fachreferent in einem Ministerium in Den Haag an. Er ist an der inhaltlichen Ausarbeitung von Gesetzen beteiligt. Eines Tages bittet ihn sein Chef, der eine hohe Position innehat, persönlich zu sich. Er meint, in Kürze finde ein Treffen mit Vertretern anderer Institutionen statt, um Teilbereiche eines bestimmten Gesetzes zu besprechen. Da Christian Linden inhaltlich eingearbeitet sei, solle er sich an der Diskussion beteiligen. Der Chef kommt kurz darauf zwar mit zu dem Treffen, hält sich aber sehr zurück. Christian Linden merkt auch bei Folgeveranstaltungen, dass es ihm relativ frei steht, welche Informationen er herausgibt, und sogar auch, welche Entscheidungen er in den Verhandlungen treffen darf. Seine beste Freundin in Deutschland, Julia, arbeitet in Berlin ebenfalls als Referentin in einem Ministerium. Von ihr erfährt Christian Linden, dass sie ihren Chef zwar auch regelmäßig berät, er aber bei Verhandlungen sehr aktiv ist und sich die Entscheidungen selbst vorbehält. Christian Linden weiß nicht, wie er das Verhalten seines Chefs einzuordnen hat. Warum hält sich Christian Lindens Chef so sehr zurück?

– Lesen Sie nun die Antwortalternativen nacheinander durch.
– Bestimmen Sie den Erklärungswert jeder Antwortalternative für die gegebene Situation und kreuzen Sie ihn auf der darunter befindlichen Skala an. Es ist möglich, dass mehrere Antwortalternativen den gleichen Erklärungswert besitzen.

▓ Deutungen

a) Christian Linden hat keine Praxiserfahrung, kennt sich mit den Gepflogenheiten noch wenig aus und befindet sich in der Probezeit. Das ist für den obersten Chef eine gute Gelegenheit, seine fachlichen Qualifikationen zu testen.

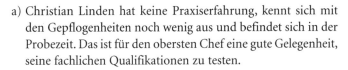

sehr zutreffend	eher zutreffend	eher nicht zutreffend	nicht zutreffend

b) Christian Linden ist womöglich gegen den Willen des obersten Chefs eingestellt worden. Er hat immer gegen die Einstellung eines Deutschen argumentiert, da es genügend qualifizierte Niederländer für das Fachreferat gab. Nun hofft er, dass Christian Linden versagt, wenn er ohne seine Unterstützung agieren muss.

sehr zutreffend	eher zutreffend	eher nicht zutreffend	nicht zutreffend

c) Der niederländische Chef ist mit dem Vorgang überfordert. Er hält sich in der Sitzung und in den Folgeveranstaltungen zurück, um sich nicht zu blamieren, und lässt daher Christian Linden freie Hand.

sehr zutreffend	eher zutreffend	eher nicht zutreffend	nicht zutreffend

d) In den Niederlanden hat Fachkompetenz Vorrang vor hierarchischem Status. Die Position des Chefs ist nicht unbedingt damit verbunden, dass er sich auf allen Gebieten auskennt. Ihn zeichnen vor allem Managementqualitäten aus.

sehr	eher	eher nicht	nicht
zutreffend	zutreffend	zutreffend	zutreffend

- Versuchen Sie, Ihre Einstufung jeder Antwortalternative zu begründen. Halten Sie die Begründung stichpunktartig fest!
- Lesen Sie nun die Erläuterungen zu jeder Antwortalternative durch, vergleichen Sie diese mit Ihren eigenen Begründungen und suchen Sie nach einer Lösung.

■ Bedeutungen

Erläuterung zu a):
Solche informellen Qualifikationstests von Neulingen kurz nach ihrer Einstellung sind zwar durchaus verbreitet, doch ist es unwahrscheinlich, dass Christian Lindens Chef dies mehrfach, also auch bei Folgeveranstaltungen praktiziert. Wären diese Tests der einzige Grund, könnte die dabei gezeigte Zurückhaltung dazu führen, dass die Tagungsteilnehmer glauben, er habe zu den Tagesordnungspunkten nichts zu sagen, sei unvorbereitet und ließe deshalb seinem Mitarbeiter Christian Linden freie Hand. Ein solches Risiko würde Christian Lindens Chef unter diesen Umständen sicher nicht eingehen wollen. Hier muss ein anderer Grund ausschlaggebend sein. Die Deutung ist somit eher nicht zutreffend.

Erläuterung zu b):
Diese Deutung wirft einige Probleme auf. Die Situationsschilderung gibt keinen Hinweis auf Dissonanzen bei der Einstellung. Christian Linden wurde schon vor der Sitzung mit der Ausarbeitung von Gesetzesvorlagen betraut. Der Chef bekräftigt sogar noch, dass Christian Linden gut eingearbeitet ist und sich an der Diskussion beteiligen soll. Alles spricht eher für ein hohes Maß

an Wertschätzung, nicht für die Abwertung seines neuen Mitarbeiters. Eine andere Deutung ist hier angebrachter.

Erläuterung zu c):

Personen, die sich in dem Feld, für das sie Verantwortung tragen, überfordert fühlen, neigen nicht zu Zurückhaltung, wenn sie vor anderen repräsentieren müssen – sondern eher dazu, viel zu reden und viel Aktionismus zu entfalten, um ihre inhaltlichen Schwächen zu überdecken. Sie würden einen so kompetenten Mitarbeiter wie Christian Linden wohl gar nicht mehr zu Folgeveranstaltungen mitnehmen. Diese Antwort ist somit nicht zutreffend.

Erläuterung zu d):

Bei offiziellen Verhandlungen schaut man in niederländischen Firmen zunächst, wer fachlich über die größte Kompetenz verfügt. Das kann auch ein Sachbearbeiter sein. Die hierarchische Position in der Firma ist zunächst zweitrangig. Wer über spezifisches Fachwissen verfügt, bekommt schneller Entscheidungskompetenz als in Deutschland. Niederländer haben ein besonderes Führungsverständnis. Der Chef muss über Schlüsselqualifikationen wie Finanzplanung, Personalführung, Strategieentwicklung und Koordination verfügen, die fachliche Expertise ist hingegen eher zweitrangig, zumal wenn es dafür qualifizierte Mitarbeiter gibt. In Deutschland hingegen erwirbt man sich den Führungsanspruch häufig aufgrund guter fachlicher Leistungen. Die Antwort ist somit zutreffend.

■ Lösungsstrategie

Christian Linden sollte sich darüber freuen, dass sein Chef so viel Vertrauen hat. Hier bietet sich für ihn die Chance, sein Können unter Beweis zu stellen, und dies sollte er auch nutzen. Er sollte sich daran gewöhnen, dass Eigenverantwortung in den Niederlanden einen hohen Stellenwert hat. Natürlich muss er sein eigenes Handeln verantworten, kann jedoch auch darauf bauen, dass der Chef bei Konflikten hinter ihm steht. Wenn Ihnen als Deutscher in den Niederlanden nicht klar ist, wie weit Ihr Kompetenzbereich geht, können Sie dies selbst bei Ihrem obersten Chef direkt ansprechen. Die Fragen werden Ihnen nicht als Unsicherheit ausgelegt werden. Wenn dann die Kompetenzbereiche klar sind, können Sie die Führung im Projekt übernehmen und sollten Initiative zeigen.

Machen Sie sich bewusst, dass niederländische Chefs ein anderes Führungsverständnis haben. Dies wird häufig als »helicopter view« beschrieben. Dabei zeichnet einen guten Manager die Fähigkeit aus, den Überblick über grundsätzliche Leitlinien zu behalten, immer das Ziel im Auge zu haben, das Team zusammenzuhalten sowie für die Belange der Mitarbeiter da zu sein. Deutsche Angestellte in den Niederlanden sind teilweise enttäuscht, wenn ihnen der niederländische Chef eine fachliche Frage nicht sofort beantworten kann. In Deutschland legitimiert ein Chef seine Position häufig damit, dass er sich besser auskennt als seine Angestellten. Ansonsten stellen die Angestellten seinen Führungsanspruch in Frage. Niederländer zweifeln in einer solchen Situation weniger an der Autorität ihres Chefs. Die Aufgabenerfüllung in niederländischen Betrieben wird vor allem als Teamarbeit betrachtet. Der Chef hat darin andere Aufgaben und seine Stärke ist vor allem die Koordination der verschiedenen Bereiche. Das Mandat, das niederländische Angestellte zugesprochen bekommen, ist in der Regel viel weitreichender als in Deutschland. Deutsche, die zu einer Geschäftsbesprechung in die Niederlande reisen, wundern sich oft, dass bei einem Treffen die für die Firma verantwortliche Führungsperson nicht selbst erscheint. In den Niederlanden erfolgt auch die Kontaktaufnahme häufig durch die Ausführenden selbst und dem Chef wird im Anschluss berichtet. Dies kann zu Spannungen führen, wenn beim deutschen Verhandlungspartner der Eindruck entsteht, das Thema würde von der niederländischen Firma nicht als wichtig genug angesehen. Als Deutscher in den Niederlanden muss man sich schnell bewusst machen, dass dort Formalitäten und Titel wenig zählen.

Sind Sie selbst in einer Führungsposition tätig, sollten Sie noch stärker Kompetenzen an Ihre Mitarbeiter abgeben. Dies nimmt Ihnen den Druck, sich in allen Bereichen lückenlos auszukennen, Sie können sich auf Ihre eigentlichen Führungsaufgaben konzentrieren und so das Team erfolgreich managen und coachen.

■ Kulturhistorische Verankerung von »Flache Hierarchie«

In den Niederlanden gibt es eine jahrhundertealte Tradition der Zusammenarbeit zwischen den verschiedenen gesellschaftlichen Ebenen. In der geschichtlichen Entwicklung war vor allem das Bürgertum einflussreich. Der Adel spielte nie eine entscheidende Rolle, wohingegen die Freiheit der Bürger auf eine lange Tradition zurückgeht. Bereits im 9. Jahrhundert wurden viele Bauern in die Freiheit entlassen, damit sie gemeinsam das Land entwässern konnten. Im 12. und 13. Jahrhundert bildeten sich so genannte »waterschappen«, in denen benachbarte Landbesitzer im Kollektiv gegen das Wasser kämpften. Der Nordwesten der Niederlande liegt auch heute noch unter dem Meeresspiegel. Gemäß dem Leitspruch »God schiep de wereld, wij schiepen Holland« (»Gott schuf die Erde, wir schufen Holland«) wurden große Gebiete künstlich trocken gelegt. Nur in der Zusammenarbeit aller war es möglich, das Wasser zu bezwingen. Die Macht lag bei verschiedenen gesellschaftlichen Gruppen, Beschlüsse wurden nicht von Einzelnen, sondern im Einvernehmen gefasst. Als es im 17. Jahrhundert zum Aufstand gegen die Spanier kam, hatte das Land keinen König. So gelang es dem Adel nicht, die Macht an sich zu ziehen. Stattdessen bildeten sich aus den Provinzen die so genannten Generalstaaten. In ihnen gaben vor allem die Patrizier den Ton an, sie hatten die Entscheidungshoheit. Es wurde die Republik der Vereinigten Niederlande gegründet, die ein lockerer Staatenbund autonomer Stadtrepubliken war. Schon in dieser Zeit entwickelten sich sehr egalitäre Prinzipien in der Gesellschaft. Höhere Organe griffen erst ein, wenn die Angelegenheit nicht durch niederrangige Vertreter geregelt werden konnte (Subsidiaritätsprinzip).

Im Jahre 1648, nach dem erfolgreichen Aufstand gegen die Spanier, wurde der Staat offiziell als Republik anerkannt. Der gemeinsame Kampf der Bürger gegen die spanische Obrigkeit schweißte die Bevölkerung über viele Schichten hinweg zusammen und stärkte die Mittelschicht. Auch die Adligen mussten Steuern zahlen, was in den absolutistischen Monarchien der Nachbarländer undenkbar gewesen wäre. Erst durch den Einmarsch der Franzosen im Jahre 1795 entstand in den Niederlanden ein zentralistischer Staat, Napoleon setzte seinen Bruder als König der Niederlande ein. Nach der Vertreibung der Besatzer blieben die Niederlande eine Monarchie, im Jahre 1815 ließ sich der Oranier Wilhelm I. zum König der Niederlande ausrufen. Die Oranier hatten schon als Rebellenführer gegen die Spanier gekämpft und waren dem Volk dabei immer eng verbunden. Wilhelm I. hatte jedoch bedeutend weniger Macht als die anderen europäischen Herrscher.

Die Besonderheit der historischen Entwicklung in den Niederlanden wird vor allem im Vergleich zu Deutschland deutlich. Schon im Heiligen Römischen Reich Deutscher Nation blieb das Bürgertum im Gebiet des heutigen Deutschlands machtlos. Die politische Macht lag in der Hand des Adels oder der Kirche. Mit der Entstehung des Deutschen Reiches im Jahre 1871 wuchs der Einfluss Preußens, was dazu führte, dass militärische Disziplin und das damit verbundene Hierarchiedenken die Gesellschaft maßgeblich prägten. Das deutsche Bürgertum hatte bis zum Ersten Weltkrieg so gut wie keine politische Macht. Bis ins 19. Jahrhundert herrschte in Deutschland zudem in großen Teilen ein feudales System, in dem die Grundbesitzer die Wirtschaft kontrollierten und ihre Ländereien mit absoluter Autorität regierten. Die Bauern standen in völliger Abhängigkeit von den Adligen, von denen sie teils sogar gekauft und verkauft werden konnten. In Deutschland scheiterte die Revolution im Jahre 1848, während die Niederlande in diesem Jahr ein liberales Grundgesetz bekamen.

In den Niederlanden entstand hingegen bereits im 17. Jahrhundert die Idee einer unabhängigen Republik, die durch ein hohes Maß an Autonomie der einzelnen Provinzen und Städte gekennzeichnet war. Der nationale Staat hatte eher die Funktion eines Verwaltungsapparates: Er war nützlich, aber kein Wert an sich. In Deutschland sah man hingegen in Staat und Militär einen Wert an sich, der Staat wurde als eine Institution gesehen, mit der sich der Einzelne identifizierte, zudem bot gerade das Militär gute Karrieremöglichkeiten. Etwas pauschalisiert lässt sich sagen, dass die deutsche Bürgergesellschaft dem Staat untergeordnet war, während der niederländische Staat den Bürgern untergeordnet war. Dies führte zu einem großen Selbstbewusstsein der niederländischen Bürger und prägt die egalitäre Gesellschaft bis heute.

Themenbereich 2:
Calimero – Asymmetrisches Nachbarschaftsverhältnis

Beispiel 5: Die Broschüre

Situation

Ulrike Wiedemann arbeitet in der PR-Abteilung eines IT-Unternehmens in den Niederlanden. Als ein neues Programm auf den Markt kommen soll, konzipiert und entwickelt sie das Marketingmaterial. Nachdem sie die Texte verfasst hat, wendet sie sich an den niederländischen Kollegen Roel Bothof aus der Grafikabteilung. Er möge bitte die Broschüre in ein gutes Format bringen, mit Bildern versehen und layouten. Er sagt zu, die Sache zu erledigen. Nach einer Woche hat sie aber immer noch keine Ergebnisse. So schreibt sie eine E-Mail mit der Bitte um Bekanntgabe des aktuellen Standes. Roel Bothof reagiert jedoch nicht. Schließlich geht sie zu ihm und bittet ihn erneut um eine Antwort. Sie sagt, sie habe einen Zeitplan, den sie einhalten müsse. Roel Bothof reagiert ärgerlich, ja er explodiert regelrecht.

Ulrike Wiedemann kann sich nicht erklären, warum Roel Bothof so unerwartet reagiert.

– Lesen Sie nun die Antwortalternativen nacheinander durch.
– Bestimmen Sie den Erklärungswert jeder Antwortalternative für die gegebene Situation und kreuzen Sie ihn auf der darunter befindlichen Skala an. Es ist möglich, dass mehrere Antwortalternativen den gleichen Erklärungswert besitzen.

■ Deutungen

a) Das ist ein schönes Beispiel dafür, wie Niederländer reagieren, wenn sie mit ihrer Arbeit überfordert sind. Roel Bothof weiß sich nicht mehr zu helfen und reagiert unkontrolliert. Er hat sich in seinen Planungen zu viel vorgenommen und seinen Arbeitsprozess schlecht organisiert.

sehr zutreffend	eher zutreffend	eher nicht zutreffend	nicht zutreffend

b) Ulrike Wiedemann geht Roel Bothof auf die Nerven. So schnell geht das alles nicht, wie sie sich das vorstellt. Der Auftrag braucht eben seine Zeit.

sehr zutreffend	eher zutreffend	eher nicht zutreffend	nicht zutreffend

c) In den Niederlanden arbeitet jeder zunächst nur für seine eigene Abteilung. Erst dann werden Aufträge für andere Abteilungen erledigt, und das auch nur widerwillig.

sehr zutreffend	eher zutreffend	eher nicht zutreffend	nicht zutreffend

d) Die Niederländer sind sehr empfindlich, wenn sie meinen, man erteile ihnen einen Befehl. Gerade bei deutschen Kollegen reagieren sie äußerst empfindlich, wenn sie den Eindruck haben, man wolle ihnen etwas vorschreiben.

sehr zutreffend	eher zutreffend	eher nicht zutreffend	nicht zutreffend

– Versuchen Sie, Ihre Einstufung jeder Antwortalternative zu begründen. Halten Sie die Begründung stichpunktartig fest!
– Lesen Sie nun die Erläuterungen zu jeder Antwortalternative durch, vergleichen Sie diese mit Ihren eigenen Begründungen und suchen Sie nach einer Lösung.

■ Bedeutungen

Erläuterung zu a):
Aus der Schilderung des Vorgangs geht nicht eindeutig hervor, dass hier eine Überforderung vorliegt. Roel Bothof hatte seine Zustimmung zum Arbeitsauftrag gegeben und das, was er zu bearbeiten hat, gehört in den Zuständigkeitsbereich seiner Abteilung. Eine so heftige und dazu noch unvermittelte Reaktion muss andere Ursachen haben.

Erläuterung zu b):
Zwischen Personen und in der Kooperation zwischen Abteilungen können unterschiedliche und nicht abgestimmte Vorstellungen über Bearbeitungszeiten zu Missverständnissen führen. Zwar sind Niederländer nicht ganz so stark auf Zeitpläne fixiert wie Deutsche, auch hier ist es jedoch üblich, frühzeitig mit anderen über Fristen zu sprechen, damit sich alle Partner auf die erforderliche Bearbeitungszeit einstellen können. Zudem hat Ulrike Wiedemann nicht über Gebühr zur Eile gedrängt. Sie hat sich nur vergewissert, ob alles erwartungsgemäß läuft und dann auf den auch von ihr einzuhaltenden Zeitplan verwiesen. Typischerweise würde Roel Bothof ehrlich einräumen, dass er noch nicht fertig ist und gemeinsam mit der Kollegin einen neuen Zeitplan besprechen. Die Antwort ist somit eher nicht zutreffend.

Erläuterung zu c):
Rivalitäten zwischen Abteilungen, die eigentlich eng kooperieren müssen, sind an der Tagesordnung. Die eigenen Gruppenmitglieder werden bevorzugt und die anderen müssen dann eben warten. Sie können sich ja selbst helfen. In diesem Fall scheint die Aufgabe aber auf die Leistungen aus beiden Abteilungen angewiesen zu sein: Ulrike Wiedemann hat den Text verfasst und Roel Bothof muss als Fachmann der Grafikabteilung das Layout liefern. Abteilungenrivalitäten erklären den Wutausbruch von Roel Bothof nicht.

Erläuterung zu d):
Ulrike Wiedemann bittet höflich um die Erledigung des Arbeitsauftrages, fragt nach einer Woche nochmals nach mit einer gut

nachvollziehbaren Begründung. Allerdings erhält sie von Roel Bothof keine Rückmeldung. Sein Wutausbruch ist damit zu erklären, dass es für Niederländer äußerst wichtig ist, unabhängig arbeiten zu können. Gerade bei Deutschen achten sie besonders penibel darauf, nicht von ihnen bevormundet zu werden. Fühlen sie sich von einem deutschen Kollegen unter Druck gesetzt, greifen sie gern auf Klischees von dominanten, überheblichen, strengen und übertrieben pflichtbewussten Deutschen zurück. Diese Antwort trifft den Kern des Konfliktes.

■ Lösungsstrategie

Die Beziehung zu Deutschland hängt eng zusammen mit dem niederländischen Selbstbild. Es wird sehr darauf geachtet, dass der Einfluss des östlichen Nachbarn im eigenen Land nicht zu groß wird. Alles, was in Deutschland passiert, wird äußerst aufmerksam verfolgt, mehr als aus deutscher Sicht das niederländische Geschehen. Für Sie als Deutschen mag es keinen großen Unterschied machen, ob Sie von einem deutschen oder niederländischen Kollegen um etwas gebeten werden. Bei Niederländern ist dies jedoch häufig anders, und dies hängt zum Teil auch mit dem asymmetrischen Größenverhältnis zusammen: 16 Millionen Niederländer auf der einen Seite, über 80 Millionen Deutsche auf der anderen. Im internationalen Vergleich spielt Deutschland eine wesentlich bedeutendere Rolle als die Niederlande. In diesem Zusammenhang wird vielfach vom *Calimero-Effekt* gesprochen. Der Begriff leitet sich von der gleichnamigen Zeichentrickfigur ab. Calimero, das kleine Küken, zieht häufig gegen größere Tiere den Kürzeren und protestiert mit dem Ausspruch: »Zij zijn groot en ik ben klein, en da's niet eerlijk.«(»Sie sind groß und ich bin klein, und das ist nicht gerecht.«). Darin spiegelt sich das ungleiche Kräfteverhältnis im Vergleich zu größeren Ländern wie Deutschland oder Frankreich wieder. Neben diesen Ländern wirken die Niederlande klein, obwohl sie aufgrund ihrer Einwohnerzahl eigentlich zu den mittelgroßen europäischen Ländern gehören.

Dieses Bewusstsein der eigenen geringen Größe führt dazu, dass Niederländer oft sehr empfindlich reagieren, wenn sie mit

Deutschen zu tun haben. Das hat wenig zu tun mit Deutschenhass oder einer generellen Abneigung – es sagt vielmehr etwas aus über das niederländische Selbstbild. Das deutsch-niederländische Verhältnis wird auch von niederländischer Seite generell als sehr positiv bezeichnet und die Niederländer arbeiten in aller Regel sehr gern mit Deutschen zusammen, die sie aufgrund ihrer Zuverlässigkeit schätzen. Aber in bestimmten Situationen bricht eben doch das Bewusstsein der eigenen geringen Größe durch und dann bekommt der deutsche Kollege etwas ab, das im Grunde nicht ihm gilt.

Übrigens machen sich derartige Größenunterschiede auch im Verhältnis von Spanien und Portugal oder Dänemark und Schweden bemerkbar. In geringerem Maße gilt dies sogar auch für niederländisch-flämische Kontakte: Hier sind die Niederländer in der Überzahl: Ihr Auftreten wird in Flandern regelmäßig als unangenehm forsch, direkt und besserwisserisch empfunden. Daher der Ausspruch: »Was die Deutschen für die Niederländer sind, sind die Niederländer für die Flamen.« Natürlich spielt neben dem Größenunterschied auch die unterschiedliche kulturelle Prägung eine Rolle, aber ein asymmetrisches Verhältnis lässt durchweg den größeren Nachbarn schnell als arrogant und vereinnahmend dastehen.

Ulrike Wiedemann sollte sehr darauf achten, wie sie eine Bitte an ihre niederländischen Kollegen formuliert. Bitten oder Anweisungen, die in einem deutschen Arbeitsumfeld als normal und keinesfalls als unhöflich empfunden werden, klingen für Niederländer häufig bereits wie ein Befehl. Deutsch als Sprache ist dabei von großer Bedeutung. Niederländer empfinden die Sprache oft als hart, zackig und belehrend. Dies sollten Sie sich als Deutscher in einer vergleichbaren Situation immer bewusst machen. Wenn Sie selbst Ihren Tonfall als ungewöhnlich freundlich empfinden, ist dies aus niederländischer Sicht wahrscheinlich gerade ausreichend. Natürlich muss eine übertriebene Betonung der Freundlichkeit vermieden werden und die Ausdrucksweise darf nicht lächerlich wirken. Vor allem aber: Machen Sie sich immer wieder bewusst, dass in den Niederlanden auch im beruflichen Kontext auf einen sehr netten Umgangston extrem großen Wert gelegt wird. Versuchen Sie Ihre niederländischen Kollegen nicht allzu deutlich auf ihre Versäumnisse hinzuweisen. Hier spielt auch der Kulturstandard »Flache Hierarchie« mit hinein, der die Freundlichkeit zu Untergebenen geradezu als Messlatte einer guten Führungskraft sieht.

Auch wenn Niederländer oftmals sehr direkt sind, ist eine offene, auf eine bestimmte Person bezogene Kritik problematisch. Freundliche, konkrete Hinweise, die nicht als Vorwurf formuliert werden, stoßen hingegen meist auf ein offenes Ohr. Wundern Sie sich gleichzeitig nicht, wenn Niederländer Ihnen häufiger sagen »Je moet dit doen«. Dies wird von Deutschen meist mit »Du musst das tun« übersetzt. Gemeint ist aber »Du solltest das tun«, was als Vorschlag aufzufassen ist. Hier steckt eine Sprachfalle für Deutsche.

In einer ähnlichen wie der hier beschriebenen Situation ist es ratsam, ab und zu beim Kollegen mit einer Tasse Kaffee vorbeizugehen und ihn in ein kurzes lockeres Gespräch zu verwickeln, beispielsweise über die Aktivitäten des Wochenendes. Dabei können Sie erwähnen, dass Sie sehr gespannt auf das Ergebnis seiner Arbeit sind. So informieren Sie sich kontinuierlich über den Stand der Entwicklungen und erinnern gleichzeitig den Kollegen unaufdringlich an das Projekt. Durch jede Form von Druck werden Sie als Deutscher bei Niederländern nur das Gegenteil erreichen. Auch bei Ihren eigenen Präsentationen sollten Sie vorsichtig sein. Ein zu selbstsicheres Auftreten wird Ihnen gern als »deutsche Arroganz« ausgelegt, Zurückhaltung und Understatement werden dagegen sehr geschätzt, gerade bei Deutschen.

■ Beispiel 6: Fußball

■ Situation

Die deutsche Architektin Cornelia Staub arbeitet seit mehreren Monaten in Amsterdam und ist mit der Prüfung von Bauentwürfen beauftragt. Im Team mit ihren Kollegen fühlt sie sich sehr wohl, der Umgang untereinander ist kollegial und rücksichtsvoll. Anlässlich eines bevorstehenden Fußballländerspiels zwischen Deutschland und den Niederlanden wird Cornelia Staub jedoch von ausnahmslos jedem Mitarbeiter im Büro mit Sticheleien bedacht. Das nervt sie, da sie sich für Fußball überhaupt nicht interessiert. Ein Kollege, Jan de Winter, frotzelt den ganzen Tag fast ununterbrochen und macht sehr klischeehafte Anspielungen auf Cornelia Staubs deutsche Nationalität. Diese Bemerkungen gehen Cornelia Staub bald entschieden zu weit und ihr platzt der Kragen. Der Kollege versichert, das sei doch alles nur eine Witzelei gewesen. Cornelia Staub ärgert sich jedoch darüber, dass der sonst so freundliche Kollege auf einmal wie ausgewechselt ist.

Wie lässt sich das Verhalten des Niederländers Jan de Winter in dieser Situation erklären?

– Lesen Sie nun die Antwortalternativen nacheinander durch!
– Bestimmen Sie den Erklärungswert jeder Antwortalternative für die gegebene Situation und kreuzen Sie ihn auf der darunter befindlichen Skala an. Es ist möglich, dass mehrere Antwortalternativen den gleichen Erklärungswert besitzen.

▓ Deutungen

a) Auch wenn Cornelia Staub sich im Büro und im Kreis ihrer Kollegen wohl fühlt, muss das keineswegs auf Gegenseitigkeit beruhen. Offensichtlich hat es in der Zusammenarbeit unterdrückten Ärger gegeben. Jan de Winter kann Deutsche vielleicht prinzipiell nicht leiden. Das Fußballspiel bietet nun die Möglichkeit, seiner Deutschlandfeindlichkeit Ausdruck zu verleihen.

| sehr zutreffend | eher zutreffend | eher nicht zutreffend | nicht zutreffend |

b) Für Niederländer ist klar, dass Frauen nichts von Fußball verstehen, und so nutzen sie die Gelegenheit, hier ihre männliche Überlegenheit auszuspielen.

| sehr zutreffend | eher zutreffend | eher nicht zutreffend | nicht zutreffend |

c) Fußballländerspiele mit Deutschland sind in den Niederlanden von großer Bedeutung, auch für Nichtfans. Es kommt zu wesentlich emotionaleren Reaktionen, als wenn beispielsweise gegen Großbritannien gespielt wird, denn bei Deutschlandspielen geht es auch um die Frage des Nationalstolzes.

| sehr zutreffend | eher zutreffend | eher nicht zutreffend | nicht zutreffend |

d) Man witzelt schneller in den Niederlanden und es wird gern gestichelt. Der Humor ist zynischer als in Deutschland und Witze über die Nachbarländer gehören zum Standard.

| sehr zutreffend | eher zutreffend | eher nicht zutreffend | nicht zutreffend |

– Versuchen Sie, Ihre Einstufung jeder Antwortalternative zu begründen. Halten Sie die Begründung stichpunktartig fest!
– Lesen Sie nun die Erläuterungen zu jeder Antwortalternative durch, vergleichen Sie diese mit Ihren eigenen Begründungen und suchen Sie nach einer Lösung.

■ Bedeutungen

Erläuterung zu a):

Über die eigene Beliebtheit bei Kollegen kann man sich täuschen, besonders, wenn man relativ neu im Unternehmen ist. Aber Cornelia Staub ist dort schon seit mehreren Monaten tätig, so dass es genügend Gelegenheiten gab, die wechselseitige Wertschätzung zu prüfen. Das Bild der Deutschen in den Niederlanden war lange Zeit sehr negativ. Allerdings wird es kontinuierlich besser und der Großteil der Bevölkerung steht Deutschen mittlerweile freundlich gegenüber. Läge eine Deutschlandfeindlichkeit bei Jan de Winter vor, würde er sie wahrscheinlich direkter äußern und nicht nur in Form von Witzeleien anlässlich eines Fußballspiels. Somit ist diese Antwort eher nicht zutreffend.

Erläuterung zu b):

Cornelia Staub erkennt zwar, dass das Verhalten der Kollegen mit dem bevorstehenden Fußballspiel zusammenhängt, aber ärgerlich sind für sie vor allem die Anspielungen auf ihre Nationalität. Und das hat nichts zu tun mit weiblicher Unwissenheit über Fußballregeln. Eine andere Deutung ist zutreffender.

Erläuterung zu c):

Es gibt eine starke Fußballrivalität zwischen Deutschland und den Niederlanden, die jedoch nicht mit einer allgemeinen Deutschlandfeindlichkeit in der niederländischen Gesellschaft gleichzusetzen ist. Deutschland gegen die Niederlande, das ist vielmehr ein Lokalderby im großen Stil – ebenso emotionsgeladen wie etwa Dortmund gegen Schalke. Die Rivalität Deutschland-Niederlande hat eine lange Tradition: 1974 wurde der niederländische Stolz gekränkt, als die Nationalmannschaft im Weltmeisterschaftsfinale gegen Deutschland verlor. Es heißt oft, die Niederländer würden sich erst beruhigen, wenn sie ein Finale gegen Deutschland gewinnen. Dabei spielt aus niederländischer Sicht auch beim Fußball der Calimero-Effekt eine Rolle. Beim Fußball sind beide Länder gleich groß, das heißt, beide sind durch elf Spieler auf dem Platz vertreten. Beide Seiten sind gleichberechtigt, und man spielt in der gleichen Liga. Es handelt sich hierbei um die richtige Erklärung.

Erläuterung zu d):

Es stimmt, dass Niederländer bei Witzen häufig versuchen, andere herauszufordern und sie auf den Arm zu nehmen. Dabei werden aus deutscher Sicht häufig Grenzen überschritten. Was Niederländer flapsig am Arbeitsplatz loslassen, würde man sich in Deutschland eher bei guten Freunden und nur im Ausnahmefall bei Arbeitskollegen trauen. Ist ein Deutscher anwesend, tut sich für Niederländer eine Fülle von Themen auf, mit denen man den anderen ärgern kann. Ein aktuelles Beispiel ist der deutsche Papst Benedikt XVI., aber auch vor dem Nationalsozialismus wird nicht Halt gemacht: »Wie öffnet ein Deutscher eine Auster? Er schreit in schneidigem Ton: Aufmachen!« Die beschriebene Deutung der Situation ist demnach richtig. Allerdings beinhaltet sie

59

noch nicht den wichtigsten Aspekt der Situation und kann den Konflikt daher nicht vollständig erklären.

■ Lösungsstrategie

Diese Begebenheit hätte Cornelia Staub die Möglichkeit gegeben zu zeigen, dass sie mit Sticheleien souverän umgehen kann – obwohl sie Deutsche ist. Deutsche haben in den Niederlanden leider den Ruf, eher humorlos zu sein und keinen Spaß zu verstehen. In Deutschland ist es meist nicht üblich, unter Arbeitskollegen solch herbe Witze zu machen, wie man es sonst vielleicht mit engen Freunden zu tun pflegt. In den Niederlanden muss man auch am Arbeitsplatz schnell lernen, auf Sticheleien der Kollegen humorvoll und schlagfertig zu reagieren. Es wird von Niederländern sehr positiv registriert, wenn Sie in diesen Situationen lustig und entspannt bleiben und Äußerungen nicht persönlich nehmen. Das größte Kompliment ist es, wenn man mitgeteilt bekommt, nicht typisch deutsch zu sein. Gerade beim Fußball sollten Sie versuchen, bei den Sticheleien humorvoll zu kontern. So kann man auch als Deutscher über die »Mutter aller Niederlagen« von 1974 witzeln oder sich ein Foto von der damaligen Siegermannschaft auf den Schreibtisch stellen. Das finden Niederländer lustig und nach dem Spiel ist wieder alles normal. Sehr positiv kommt es an, als Deutscher selbst Witze über Deutschland zu erzählen und sich über das eigene Land lustig zu machen. Selbstironie ist in den Niederlanden wichtig und die Relativierung der eigenen Person ist Teil des typisch niederländischen Understatements.

Machen Sie sich vor allem bewusst, warum die Fußballspiele von so großer Bedeutung für die Niederländer sind, und nehmen Sie die Sticheleien nicht persönlich. Seit dem verlorenen Weltmeisterschaftsfinale in München 1974 fühlen die Niederländer sich um ihren Sieg betrogen und stilisieren diese Niederlage hoch. Selbst Deutsche räumen mittlerweile ein, dass die deutsche Nationalmannschaft nicht so schönen Fußball wie die niederländische gespielt hat, eine aggressive Taktik ihr aber dennoch zum Sieg verhalf. Schnell wird von Niederländern auf Stereotype vom

»kämpferischen Deutschen« zurückgegriffen. Das Trauma wurde etwas abgeschwächt, als die Niederlande gegen Deutschland im Halbfinale der Europameisterschaft 1988 gewannen.

Im Mai 2006 gab der niederländische Professor Gerald Sierksma der Rijksuniversität Groningen die Ergebnisse einer Studie bekannt, die nachweisen soll, dass es sich bei den niederländischen Interpretationen des Spiels in München 1974 um einen historischen Irrtum handele. Er hat ein System entwickelt, mit dem ein ganzes Fußballteam und einzelne Spieler mit Hilfe der Kriterien Ballkontakt, Abwehrverhalten und Qualität der Pässe untersucht werden. Die Niederländer seien demnach nur in der ersten Viertelstunde stark gewesen, hätten dann aber im Vergleich zu den Deutschen klar nachgelassen. Eine niederländische Anstrengung am Ende des Spiels habe nicht mehr geholfen und Berti Vogts habe sich als bester deutscher Spieler ausgezeichnet. Der Wissenschaftler bemerkte sofort, dass er sich klar darüber sei, wie sehr die Niederländer ihm diese unschönen Ergebnisse übel nehmen würden.

Bei Länderspielen zwischen Deutschen und Niederländern muss man sich als deutscher Arbeitnehmer darauf einstellen, dass dieses Thema einen tagelang regelrecht verfolgen wird. Dabei nützt es gar nichts zu betonen, dass man sich für Fußball nicht interessiert. Wundern Sie sich auch nicht, wenn Sie Ihren Kollegen plötzlich mit seltsam geformten orangefarbenen Hüten oder anderer orangefarbener Kleidung und Bemalung auf der Straße begegnen. Orange ist die Farbe des Königshauses und steht für die Niederlande.

▪ Beispiel 7: Im Krankenhaus

▪ Situation

Konrad Lochmann hat eine niederländische Partnerin und zieht zu ihr nach Amsterdam. Er fühlt sich willkommen in ihrer Familie und in ihrem Freundeskreis. Nach anfänglichen Schwierigkeiten findet er eine Stelle als examinierter Krankenpfleger in einem Krankenhaus in Haarlem. Prinzipiell gefällt ihm die Arbeitsatmosphäre, aber es kommt teilweise zu Konflikten mit älteren Patienten. Wenn Konrad Lochmann ein freundliches Gespräch mit ihnen auf Niederländisch beginnt, hört man schnell den deutschen Akzent heraus. In solchen Situationen hat er es sogar erlebt (wenn auch selten), dass einige nur widerwillig oder am liebsten gar nicht von ihm versorgt werden wollen. Ihre Ablehnung lassen sie ihn deutlich spüren. Konrad Lochmann möchte gern mit den älteren Niederländern über das Problem reden, aber auch dies lehnen sie entschieden ab. Mit solch heftigen Reaktionen hätte Konrad Lochmann nicht gerechnet.

Wie erklären Sie sich das Verhalten einiger älterer niederländischer Patienten?

- Lesen Sie nun die Antwortalternativen nacheinander durch.
- Bestimmen Sie den Erklärungswert jeder Antwortalternative für die gegebene Situation und kreuzen Sie ihn auf der darunter befindlichen Skala an. Es ist möglich, dass mehrere Antwortalternativen den gleichen Erklärungswert besitzen.

■ Deutungen

a) Das Gesundheitssystem in den Niederlanden gilt als eines der besten weltweit. Das Niveau der medizinischen Versorgung ist wesentlich höher als in Deutschland. Das deutsche Staatsexamen für Krankenpfleger hat einen schlechten Ruf. Die älteren niederländischen Patienten trauen Konrad Lochmann daher keine große Kompetenz zu. Anders als die jüngeren Patienten kennen sie sich bezüglich der unterschiedlichen Behandlungsmethoden in den beiden Ländern gut aus und sind nicht bereit, auf den hohen niederländischen Standard zu verzichten.

| sehr
zutreffend | eher
zutreffend | eher nicht
zutreffend | nicht
zutreffend |

b) Viele ältere Niederländer haben unter der deutschen Besatzung im Zweiten Weltkrieg sehr gelitten. Deutschland hat die niederländische Neutralität missachtet und ist in die Niederlande einmarschiert, um dort ein harsches Besatzungsregime zu installieren, unter dem zahlreiche Menschen zu Tode kamen. Ein großer Teil der jüdischen Bevölkerung wurde gezielt umgebracht und gegen Ende des Krieges herrschte im Norden des Landes große Hungersnot. Einige ältere Niederländer möchten deshalb nichts mit Deutschen zu tun haben und zeigen dies auch deutlich.

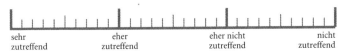

| sehr zutreffend | eher zutreffend | eher nicht zutreffend | nicht zutreffend |

c) Ältere Niederländer sprechen in der Regel nur Niederländisch. Sie haben Angst, dass Konrad Lochmann in absehbarer Zeit anfangen könnte, Deutsch zu sprechen. Sie möchten sich nicht von ihm versorgen lassen, da sie Konrad dann unter Umständen nicht mehr verstehen.

| sehr zutreffend | eher zutreffend | eher nicht zutreffend | nicht zutreffend |

d) Konrad Lochmann führt als Deutscher sehr gewissenhaft und genau seine Arbeit aus, aber es fällt ihm schwer, sich locker zu verhalten. Seinen Perfektionismus empfinden die Patienten als anstrengend und langweilig. Für sie ist es sehr wichtig, mit dem Pflegepersonal herumzualbern.

| sehr zutreffend | eher zutreffend | eher nicht zutreffend | nicht zutreffend |

– Versuchen Sie, Ihre Einstufung jeder Antwortalternative zu begründen. Halten Sie die Begründung stichpunktartig fest!
– Lesen Sie nun die Erläuterungen zu jeder Antwortalternative durch, vergleichen Sie diese mit Ihren eigenen Begründungen und suchen Sie nach einer Lösung.

▪ Bedeutungen

Erläuterung zu a):
Auf Grund von Sparmaßnahmen wurde das öffentliche Gesundheitssystem in den Niederlanden in den letzten Jahren sehr schnell reformiert. Mittlerweile wird von niederländischen Politikern erkannt, dass viele Dinge nicht erwartungsgemäß verlaufen sind und weiterer Handlungsbedarf besteht. Das öffentliche Gesundheitssystem ist somit zwar nicht schlechter, aber auch nicht besser als in Deutschland. Die deutsche medizinische Ausbildung hat keinen schlechten Ruf. Allerdings wird ein deutscher Abschluss nicht ohne weiteres in den Niederlanden anerkannt, sondern es gibt vorgeschriebene Genehmigungsverfahren. Im Zuge dessen muss man beispielsweise als Krankenschwester/-pfleger zunächst ein Praktikum absolvieren. Dabei geht es jedoch eher darum, sich mit den lokalen Begebenheiten vertraut zu machen, weniger um qualitative Unterschiede. Bekommt eine deutsche Pflegekraft ihre Zulassung, wird ihre Kompetenz normalerweise nicht angezweifelt. Deshalb ist diese Antwort nicht zutreffend.

Erläuterung zu b):
Aufgrund des Besatzungsregimes im Zweiten Weltkrieg zeigen einige ältere Niederländer bis heute eine starke Abneigung gegenüber Deutschen. Das Land, das im europäischen Machtgefüge immer als neutral gegolten und so seine Unabhängigkeit bewahrt hatte, war am Rande der Verzweiflung, viele Menschen starben. Wenn gerade ältere Niederländer sich zum Ende ihres Lebens hin wieder an diese Zeit erinnern, fühlen sie sich teilweise in ihrer Abneigung Deutschen gegenüber bestätigt. Es handelt sich hierbei somit um die richtige Deutung.

Erläuterung zu c):
Deutschen fällt schnell auf, dass selbst ältere Niederländer häufig mehrere Fremdsprachen fließend beherrschen. Die Wahrscheinlichkeit, dass sie auch Deutsch sprechen, ist sehr hoch. Bei der jüngeren Generation wird Deutsch zwar immer weniger gelernt, Englisch ist dafür in der Bevölkerung so etwas wie die zweite

Muttersprache geworden. Von einer Angst vor Verständigungsproblemen kann demnach nicht ausgegangen werden. Die Deutung ist somit nicht zutreffend.

Erläuterung zu d):
Es stimmt, dass ein freundschaftlicher Ton bei der Arbeit in den Niederlanden sehr wichtig ist. Doch täte man sehr vielen deutschen Krankenschwestern und -pflegern unrecht, würde man ihnen unterstellen, sie nähmen sich nicht ebenfalls die Zeit für ein nettes Wort mit den Patienten. Deutsche gelten zwar in den Niederlanden als ausgesprochen perfektionistisch, aber im deutschen Gesundheitsbereich gilt die menschliche Fürsorge sicher als genauso wichtig wie in den Niederlanden. Dabei gibt es in beiden Ländern gleichermaßen individuelle Unterschiede. Diese Deutung ist eher unwahrscheinlich.

◼ Hinweise zur Lösung der Situation

Gerade älteren Niederländern sind die schrecklichen Erfahrungen des Zweiten Weltkrieges noch sehr präsent. Die komplette Verweigerung der Kommunikation ist natürlich ein Extremfall, aber es kann vorkommen, dass ältere Niederländer ihre Abneigung Deutschen gegenüber klar äußern und auf die Rolle Deutschlands im Zweiten Weltkrieg verweisen. Unter Umständen hat die ältere Person eine traumatische Erfahrung gemacht, etwa die heftige Bombardierung und Zerstörung Rotterdams am eigenen Leibe miterlebt. Konrad Lochmann sollte die Reaktion der älteren Person respektieren und versuchen, sie nicht zu verallgemeinern. Man muss sich prinzipiell vor einem Niederlandeaufenthalt bewusst machen, dass man immer wieder mit der deutschen Vergangenheit konfrontiert wird. Auch bei jüngeren Niederländern kann es vorkommen, dass sie einen persönlich auf die Verbrechen des Zweiten Weltkrieges ansprechen und fragen, ob der eigene Großvater in der NSDAP war.

Als Deutscher haben Sie sich bislang vielleicht eher abstrakt mit dieser Thematik beschäftigt und stehen den direkten Fragen dann zunächst ratlos gegenüber. Vor einem Niederlandeaufenthalt ist es hilfreich, offen das eigene Geschichtsbild zu reflektieren und diese Nachdenklichkeit im Dialog mit Niederländern auch zu zeigen. Die Schrecken des Zweiten Weltkrieges sind in der niederländischen Gesellschaft immer noch präsent. Der Gedenktag für die Toten (Dodenherdenking) am 4. Mai und der Tag der Befreiung (Bevrijdingsdag) am 5. Mai spielen nach wie vor eine große Rolle. Die Erinnerung wurde und wird gestützt durch TV-Sendungen wie »De Bezetting«, die die Verbrechen der deutschen Besatzungszeit beschreibt und in den 1960er Jahren ein Millionenpublikum erreichte. Viele Niederländer haben die Ausstrahlung mindestens einmal gesehen. Zur Symbolfigur der niederländischen Opferrolle wurde die von den Nazis ermordete Jüdin Anne Frank.

Es ist aber zu erkennen, dass die Präsenz des Zweiten Weltkriegs abnimmt. Man weiß, dass in Deutschland mittlerweile die dritte Generation nach Kriegsende am Berufsleben teilhat. Niederländische Medien beschäftigen sich zudem vermehrt mit der Kollaboration während der Besatzungszeit. Den Niederländern ist mittlerweile klar, dass viel weniger Bürger aktiv Widerstand geleistet haben, als lange angenommen wurde. Auch über andere heikle Bereiche hat eine Debatte eingesetzt, etwa über den Krieg niederländischer Truppen in der indonesischen Kolonie. Nicht zuletzt hierdurch wird das lange vorherrschende moralische Überlegenheitsgefühl Deutschland gegenüber relativiert. Nach der Ermordung des Publizisten Theo van Gogh 2004 durch einen Moslem mussten die Niederländer erkennen, dass Brandanschläge auf islamische Institutionen auch in ihrem eigenen Land vorkommen können.

■ Kulturhistorische Verankerung von »Calimero – Asymmetrisches Nachbarschaftsverhältnis«

Der Ausdruck »Calimero« fungiert für diesen Kulturstandard als zusammenfassender Begriff, der das besondere Verhältnis der Niederlande zu Deutschland etwas überspitzt auf den Punkt bringt. Das ungleiche Größenverhältnis ist dabei prägend, der aus einem

Comicstrip entlehnte Name »Calimero« betont die Perspektive des Kleineren auf den Größeren (siehe Beispiel 5). Dieses ungleiche Größenverhältnis ist ein wichtiger Faktor für die komplexen deutsch-niederländischen Beziehungen, gerade im Zusammenhang mit den Geschehnissen im Zweiten Weltkrieg. Erläutert werden im Folgenden zudem die Entwicklungen der letzten 15 Jahre, gefolgt von einem kurzen historischen Abriss.

In Bezug auf das deutsch-niederländische Verhältnis wird immer wieder auf die große Bedeutung des Zweiten Weltkriegs verwiesen. Hier sind jedoch einige Nuancierungen angebracht, denn es ist beileibe nicht so, dass alle Niederländer bis heute wegen der Verbrechen des Kriegs einen Vorbehalt gegenüber Deutschland hegen. Vielmehr ist die Erinnerung an den Krieg ein Aspekt innerhalb einer komplexen Beziehung zwischen zwei ungleichen Nachbarländern, die über Jahrhunderte hinweg mehr oder weniger enge Beziehungen pflegten. Der Verweis auf das im Krieg erlittene Unrecht lädt jede deutsch-niederländische Debatte emotional auf, und so ist die Erinnerung an den Krieg – weit über persönlich Erlebtes hinaus – oft auch in Debatten präsent, die gar keinen direkten Bezug auf den Krieg haben. Für Deutsche, gerade wenn sie einer jüngeren Generation angehören, ist die Konfrontation mit diesem Thema oft schwierig.

Hier kann zum einen Sachwissen helfen und zum anderen das Bemühen, sich in die Lage der Niederländer hineinzuversetzen. So sollte man zumindest den Begriff »hongerwinter« (Hungerwinter) kennen, der den harten Kriegswinter 1944/45 meint, als der südliche Teil des Landes bereits befreit war und im Norden eine große Hungersnot herrschte. Auch dass die Deutschen Rotterdam bombardierten und die gesamte Innenstadt in Schutt und Asche legten, sollte man wissen. Da kommt es natürlich nicht gut an, wenn Deutsche in Rotterdam die Altstadt suchen und niederländische Passanten nach dem Weg fragen!

Dennoch ist klar erkennbar, dass sich die Rolle des Krieges in öffentlichen Debatten langsam relativiert. Gleichzeitig wird das Bild der Deutschen in den Niederlanden kontinuierlich besser. Eine Studie des »Pew Research Center« in Washington vom Juni 2005 etwa belegt, dass 88 Prozent der Niederländer eine positive bis sehr positive Einstellung gegenüber Deutschland haben. Und eine Sommerspezialausgabe der renommierten niederländischen Tageszeitung »Volkskrant« erschien 2005 unter dem Titel »Duitsland is oké«.

Diese Entwicklungen sind jedoch relativ neu. Noch in den 1990er Jahren gab es in Sachen Deutschland einigen Aufruhr. Immer wieder zitiert wird in diesem Zusammenhang die umstrittene »Clingendael-Studie« von 1993. Diese Forschungsarbeit ergab, dass niederländische Jugendliche ein sehr negatives Bild von ihren östlichen Nachbarn hatten, die sie mit 60 % als arrogant, zu 71 % als dominant und nur mit 16 % als freundlich einstuften. 46 % meinten sogar, dass Deutschland die Welt beherrschen wolle. Diese Ergebnisse sind jedoch mit Vorbehalt zu sehen, denn die Untersuchungsmethoden waren fragwürdig, und die schlechten Werte hatten auch damit zu tun, dass in Deutschland kurz zuvor mehrere Anschläge auf Häuser von Asylanten verübt worden waren. Allerdings räumten die Verantwortlichen der Studie auch selbst ein, dass die negativen tagesaktuellen Schlagzeilen in den niederländischen Medien über die rechtsradikalen Anschläge in Deutschland die Meinung der niederländischen Schüler stark beeinflusst hätten. Sie bekräftigten jedoch zugleich, dass gegenüber Deutschland in der Gesellschaft teilweise tief verankerte negative Gefühle bestünden.

Die Brandanschläge riefen auch unter Erwachsenen ein starkes Echo hervor. Nach dem Anschlag in Solingen etwa initiierte der niederländische Radiosender »Radio 3« eine richtiggehende Protestaktion: Es wurden Postkarten mit der Aufschrift »Ik ben woedend« (Ich bin wütend) gedruckt und über 1,2 Millionen Niederländer schickten die ausgefüllten und unterschriebenen Karten aus Protest an die deutsche Bundesregierung. Dass es sich dabei auch um eine riesige Werbeaktion für den Sender handelte, wird meist nicht erwähnt.

Die Clingendael-Studie und die Postkartenaktion hatten zur Folge, dass niederländische und deutsche Politiker sich erschrocken angesichts des negativen Deutschlandbilds zeigten. Schließlich waren die diplomatischen Beziehungen zwischen den Ländern vorbildlich und auch die wirtschaftliche Zusammenarbeit funktionierte bestens. Die niederländische Regierung erhöhte daraufhin die Fördermittel für Austauschprogramme an Schulen und unterstützte einen jährlich stattfindenden Journalistenaustausch. 1995 wurden überdies Deutschland-Institute in Amsterdam, Nimwegen und Utrecht gegründet, die zum Ziel hatten, das Verhältnis zu Deutschland zu analysieren und zu verbessern. Die Clingendael-Studie hatte gezeigt, dass eine positive Einstellung zu Deutschland gekoppelt ist an eine bessere Kenntnis des Nachbarlandes und ein fundiertes Hintergrundwissen. Im Geschichtsunterricht wurde nun intensiv das Thema »Deutschland nach 1945« behandelt, während zuvor der Schwerpunkt des Unterrichts auf der Zeit vor 1945 und auf dem Zweiten Weltkrieg gelegen hatte.

Etwa Mitte der 1990er Jahre sahen viele Niederländer die beschriebenen Vorurteile gegenüber Deutschen als Anlass, ihr eigenes Identitätsverständnis zu hinterfragen. Es wurde deutlich, dass die Abgrenzung von Deutschland ein wichtiger Bestandteil der niederländischen Identitätsbildung war und teilweise immer noch ist. Besonders nach dem Zweiten Weltkrieg legitimierte diese Abgrenzung ein moralisches Überlegenheitsgefühl Deutschland gegenüber. Im Vergleich zu den Deutschen fühlten sich viele Niederländer lange Zeit als »bessere« Menschen.

Wie im interpersonellen Verhältnis, so wird auch in der Beziehung von Nationen zueinander eine positive Identität und eine Selbstwerterhöhung auf Kosten der Anderen durch bewusste Abgrenzung und zuweilen auch Diskriminierung zu erreichen versucht. Dies bestätigen sozialpsychologische und soziologische Forschungsarbeiten. Eine ähnliche Konstellation besteht beispielsweise zwischen Kanada und den USA. Die Vorbehalte und Vorurteile Deutschland gegenüber sind daher typisch für ein benachbartes, ungleich kleineres Land.

Allerdings scheint in den letzten Jahren einiges in Bewegung geraten zu sein. Gerade die Postkartenaktion gilt inzwischen als Negativbeispiel für ein in seiner pauschalen Ausweitung unbegründetes Überlegenheitsgefühl, viele Niederländer sind den erhobenen Zeigefinger ihrer eigenen Landsleute leid und finden es unpassend, anderen Nationen auf die Finger zu klopfen.

Dies gilt insbesondere für Deutschland. Der renommierte Groninger Professor Jan-Pieter van Oudenhoven veröffentlichte 1996 eine Studie, die zu ganz anderen Ergebnissen kam als die

Clingendael-Studie. Auf die Frage, welchem Volk die Niederländer am freundlichsten gegenüberstehen, wurde Deutschland bereits an dritter Stelle genannt. Allerdings stand das Land auch an erster Stelle bei der Frage, welchem Volk man am unfreundlichsten gegenübersteht. Somit kam van Oudenhoven zu dem Ergebnis, dass sich eine anti-deutsche und eine pro-deutsche Strömung im Land gegenüberstehen. So zeigt sich auch heute, dass das Deutschlandbild in den Niederlanden keineswegs einheitlich ist.

Es wird jedoch deutlich, dass viele Niederländer mit einer pauschalen antideutschen Haltung nicht einverstanden sind. Van Oudenhoven stellte sogar fest, dass der überwiegende Teil der Niederländer die Deutschen mittlerweile sympathischer finden als Italiener oder Franzosen. Dieser Prozess wurde auch durch die wesentlich positivere Darstellung Deutschlands in den niederländischen Medien im Vergleich zu den letzten Jahrzehnten gefördert. Seit Berlin Hauptstadt ist, berichten die großen niederländischen Zeitungen über das dortige kulturelle Leben und bringen regelmäßig Sonderbeilagen heraus. Für zahlreiche niederländische Künstler ist die Berliner Kunstszene von großer Attraktivität und unter niederländischen Jugendlichen gilt heute vor allem das Berliner Nachtleben als ausgesprochen hip – und zudem erschwinglich.

Soweit zur aktuellen Situation. Die deutsch-niederländischen Beziehungen können jedoch auf eine jahrhundertelange Tradition zurückblicken, die das Verhältnis bis heute beeinflusst. Im 17. Jahrhundert etwa sahen die Niederländer sehr auf die Deutschen herab: Nach dem Dreißigjährigen Krieg kamen viele Deutsche in die Niederlande, um sich auf Werften, als Landarbeiter oder als Söldner zu verdingen. Die Niederlande galten als das gelobte Land, Wirtschaft und Handel florierten, es gab Arbeit und Nahrung. In den folgenden Jahrhunderten, vor allem im Zuge der aufstrebenden Macht Preußens, entwickelte sich jedoch eine zunehmende Angst gegenüber dem größeren Nachbarn. In den 1860er Jahren erschreckte Preußen seine Nachbarn durch militärische Expansionen, nach dem Sieg gegen Frankreich wurde 1871 das Deutsche Reich gegründet. Wirtschaftlich und politisch gewann der neu gegründete Staat schnell an Einfluss. Die Niederlande wurden sich immer mehr des ungleichen Kräfteverhältnisses bewusst und fürchteten eine Vereinnahmung durch Preußen.

Niederländer versuchten durch die Jahrhunderte hinweg stets das zu betonen, was sie von Deutschen unterschied. Dabei ist das niederländische Königshaus seit Jahrhunderten eng mit den deutschen Fürstenhäusern verbunden. Der gebürtige Deutsche Wilhelm I. von Nassau-Dillenburg gründete das Haus Oranien-Nassau. Im Jahre 1815 wurde Wilhelm VI. von Oranien-Nassau als Wilhelm I. König der Niederlande, seither ist der niederländische Thron im Besitz des Hauses Oranien. Zudem haben sich die amtierende Monarchin sowie ihre Vorgängerin beide mit Deutschen vermählt. Prinzessin Juliana, die spätere Königin, heiratete 1937 den deutschen Prinzen Bernhard zur Lippe-Biesterfeld, und ihre Tochter, die heutige Königin Beatrix, 1966 den deutschen Diplomaten Claus von Amsberg. Vor allem dem 2002 verstorbenen Prinz Claus gelang es, die Herzen der Niederländer zu erobern, obwohl gerade er es zu Beginn nicht leicht hatte. Anlässlich der Hochzeit etwa kam es zu landesweiten Protesten. Diese richteten sich jedoch nicht allein gegen ihn als Deutschen, sondern standen auch im Zusammenhang mit der Provo-Bewegung, die generell gegen Staat und Königshaus demonstrierte.

Ein guter Rat ist es, als Deutscher in den Niederlanden so schnell wie möglich die niederländische Sprache zu erlernen. Sie werden merken, dass Sie als Deutscher sehr schnell Fortschritte machen und Ihnen das Erlernen dieser Sprache sehr viel leichter fallen wird als andere Fremdsprachen. Schon nach kurzer Zeit werden Sie in der Lage sein, flüssig zu sprechen. Dies wird von Niederländern sehr geschätzt, auch wenn Sie vielleicht ab und an Sticheleien wegen Ihres deutschen Akzents hören werden. So können Sie jedoch sehr einfach Ihren Respekt dem kleineren Nachbarn gegenüber signalisieren. Und Sie bekommen natürlich auch selbst viel mehr von dem Sie umgebenden Leben mit. Können Sie noch kein Niederländisch, dann sprechen Sie am besten zunächst Englisch und wechseln erst dann zu Deutsch, wenn Ihnen dies angeboten wird.

◼ Themenbereich 3: Konsenskultur

◼ Beispiel 8: Ausufernde Besprechungen

◼ Situation

Der deutsche Betriebswirt Marc Heinrich arbeitet in einer niederländischen Unternehmensberatung. Sehr häufig trifft sich die Belegschaft zum so genannten »werkoverleg«, hier werden unter anderem die aktuellen Arbeitsabläufe besprochen. Geleitet wird die Besprechung vom Inhaber, Joris van Drongelen. Marc Heinrich bemerkt, dass die Vorschläge des Leiters nie vorbehaltlos akzeptiert werden. Stattdessen wird, wie ein Automatismus, jeder Punkt ausführlich diskutiert. Alle Anwesenden haben das Recht, ihre Meinung einzubringen. Dabei wird den Äußerungen von Praktikanten oder Aushilfskräften oft ebensoviel Beachtung zuteil wie den Bemerkungen der fachkundigen Berater. Marc Heinrich findet, dass Ersteren eigentlich noch der erforderliche Gesamtüberblick fehlt. Über jeden einzelnen ihrer Kommentare wird jedoch in der Gruppe diskutiert, was aus seiner Sicht sehr zeitraubend ist. Marc Heinrich denkt, man könnte die Dinge auch kurz und bündig abhandeln, und würde sich wünschen, dass sein Chef, Joris van Drongelen, manchmal einfach einen Schlussstrich zieht und seinen eigenen Standpunkt entschiedener vertritt.

Wie lässt sich das Verhalten des Chefs Joris van Drongelen erklären?

– Lesen Sie nun die Antwortalternativen nacheinander durch.
– Bestimmen Sie den Erklärungswert jeder Antwortalternative

für die gegebene Situation und kreuzen Sie ihn auf der darunter befindlichen Skala an. Es ist möglich, dass mehrere Antwortalternativen den gleichen Erklärungswert besitzen.

■ Deutungen

a) In den Niederlanden geht es am Arbeitsplatz langsamer und gemütlicher zu als in Deutschland. Hier gilt noch nicht die Maxime:»Zeit ist Geld!«

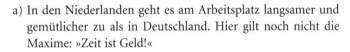

| sehr
zutreffend | eher
zutreffend | eher nicht
zutreffend | nicht
zutreffend |

b) Joris van Drongelen hat Angst, dass ihm die Mitarbeiter davonlaufen, da er nur geringe Gehälter zahlt. So lässt er in den Sitzungen alle zu Wort kommen, um ihnen das Gefühl zu geben, zum Betrieb dazuzugehören – als wären alle eine große Familie.

| sehr
zutreffend | eher
zutreffend | eher nicht
zutreffend | nicht
zutreffend |

c) Niederländische Teams wehren sich gegen eine organisierte Strukturierung des Arbeitsprozesses. Dies wird als »ongezellig« (zu unlocker) und häufig sogar als zu »duits« (deutsch) angesehen. Daher gibt es typischerweise keine klaren Abläufe in einer Besprechung.

| sehr
zutreffend | eher
zutreffend | eher nicht
zutreffend | nicht
zutreffend |

d) In der niederländischen Gesellschaft gilt der strenge Grundsatz, Dinge im Konsens zu gestalten und Entscheidungen gemeinsam zu treffen. Man versucht immer, Konflikte zu vermeiden und alle Meinungen gelten zu lassen – unabhängig vom Status desjenigen, der sie äußert. Abstimmungen zwischen zwei gegensätzlichen Parteien oder die prinzipielle Bevorzugung von Standpunkten sind eher untypisch.

| sehr zutreffend | eher zutreffend | eher nicht zutreffend | nicht zutreffend |

– Versuchen Sie, Ihre Einstufung jeder Antwortalternative zu begründen. Halten Sie die Begründung stichpunktartig fest!

– Lesen Sie nun die Erläuterungen zu jeder Antwortalternative durch, vergleichen Sie diese mit Ihren eigenen Begründungen und suchen Sie nach einer Lösung.

■ Bedeutungen

Erläuterung zu a):
Diese Deutung ist problematisch, da Marc Heinrich sich nicht über Langsamkeit und Gemütlichkeit wundert, sondern über die Art der Gesprächsführung, die seiner Meinung nach sachlicher und entschiedener sein könnte. Zudem vermisst er die ordnende Hand des Firmeninhabers Joris van Drongelen, der seinen Standpunkt nicht deutlich genug vertritt und sich stattdessen auf lange, fruchtlose Diskussionen einlässt.

Erläuterung zu b):
Bei dieser Deutung wird eine zu geringe monetäre Leistungsentlohnung gegen ein gutes Betriebsklima mit engem Zugehörigkeitsgefühl ausgespielt. In Familienunternehmen kann für den einzelnen Mitarbeiter durchaus ein Konflikt entstehen zwischen dem Wunsch nach höherer Bezahlung, verbunden mit einem Wechsel der Arbeitsstelle, und einem Verbleib im Unternehmen wegen des guten Betriebsklimas. In der vorliegenden Situationsschilderung gibt es aber keinen Hinweis darauf, dass ein solcher Konflikt tatsächlich besteht. Es geht hier vielmehr um die Art und Weise, wie die Arbeitsabläufe besprochen werden und wie mit Argumenten umgegangen wird. Hier ist ein anderer Faktor handlungswirksam.

Erläuterung zu c):
Deutsche haben in den Niederlanden häufig den Eindruck, dass die Besprechungen und »Overleg«-Sitzungen zu lange dauern

und nicht effektiv sind, was sie als typisch niederländisch beurteilen. Allerdings gibt es keine wissenschaftlichen Untersuchungen darüber, ob Sitzungen wirklich durchschnittlich länger sind. Sicher sind vielen Lesern auch aus deutschen Betrieben ausufernde und nervende Sitzungen bekannt. Es scheint jedoch zutreffend zu sein, dass man sich in den Niederlanden insgesamt öfter als in Deutschland zu Besprechungen trifft. Auch die Niederländer haben dabei organisierte Arbeitsprozesse. Diese Deutung ist somit eher nicht zutreffend.

Erläuterung zu d):
In den Niederlanden ist es von großer Bedeutung, stets so lange zu verhandeln, bis ein für alle tragfähiger Entschluss vereinbart wird. Dies ist ein maßgeblicher Bestandteil der niederländischen Unternehmenskultur. Diese Konsenskultur ist kein spezifischer Faktor innerhalb hierarchischer Strukturen, also zwischen Chef und Angestellten, denn sie gilt sowohl vertikal als auch horizontal, das heißt zwischen Arbeitskollegen auf gleicher Stufe. Wichtig ist es, regelmäßig »in overleg te gaan« (sich mit dem anderen zu beraten). Entscheidungen sollten immer einen in der Gruppe gewachsenen Prozess widerspiegeln. Somit handelt es sich hier um die richtige Interpretation der Situation.

■ **Lösungsstrategie**

Geben Sie in Besprechungen immer allen Anwesenden die Möglichkeit, ihre Meinung zu äußern. Als Vorgesetzter muss man aufpassen, nicht den Eindruck zu erwecken, Diskussionen unterbinden zu wollen. Das Streben nach Konsens ist ein tragender, nicht zu unterschätzender Pfeiler der niederländischen Betriebskultur. Auch wenn Sie einen Beitrag als inkompetent einschätzen, sollten Sie das nicht zu deutlich äußern, da Ihnen dies als Arroganz ausgelegt wird. Natürlich wissen die Mitarbeiter, dass auch in den Niederlanden das letzte Wort der Chef hat. Inakzeptabel für Niederländer ist es jedoch, einzelnen Personen von vornherein keine Kompetenz zuzutrauen und sich mit ihren Äußerungen gar nicht erst auseinanderzusetzen. In Deutschland werden, meist aus zeitökonomischen Erwägungen, die Äußerungen von Personen mit geringerem Hintergrundwissen viel schneller ausgeklammert – wenn sie denn überhaupt Gehör finden.

Wundern Sie sich daher nicht, wenn in den Niederlanden auch neue Praktikanten unter Umständen sehr forsch argumentieren. Die häufig auftretende unsichere Zurückhaltung, die Sie von jungen Praktikanten in deutschen Großbetrieben gewohnt sind, ist in den Niederlanden nicht üblich. Ganz im Gegenteil zeichnen sich hier auch neue Mitarbeiter dadurch aus, dass sie eine klare Meinung haben, die sie auch äußern – obwohl oder auch gerade weil sie den Ansichten des Vorgesetzten widerspricht. Mit welchem Engagement teilweise Vorschläge von einzelnen, oft in der Hierarchie nicht sehr hoch stehenden Mitarbeitern in der gesamten Gruppe und auch von den anwesenden Führungspersönlichkeiten diskutiert werden, ist in deutschen Unternehmen schwer vorstellbar. In den Niederlanden herrscht jedoch die Überzeugung, dass die Einwände von Mitarbeitern aller Hierarchiestufen von sehr hohem praktischem Wert sein können. In Deutschland wurde, um dieses versteckte Potenzial zu erreichen, das betriebliche Vorschlagswesen eingeführt. Dieses ist in den Niederlanden hingegen so gut wie unbekannt, weil dafür keine Notwendigkeit besteht. Versuchen Sie als Vorgesetzter, sich diesen Gepflogenheiten anzupassen, denn sonst besteht die große Gefahr, dass Sie Ihr Team verärgern. Und das wird Sie letztlich wesentlich mehr Zeit kosten. Eventuell kann es sich aber auch anbieten, das Themenspektrum von vornherein etwas einzugrenzen. In den Besprechungen, im »Overleg« wird dann darauf geachtet, gemeinsam einen Konsens zu den Themen zu finden. Dabei muss nicht alles hundertprozentig begründet sein.

Allerdings können Niederländer mehrmals »overleggen«, bevor sie sich definitiv entscheiden. Dabei wird immer auch von Ihnen als Teilnehmer erwartet, dass Sie bereit sind nachzugeben. Es wird Ihnen nicht als Durchsetzungskraft ausgelegt, wenn Sie Ihren Standpunkt entschieden und bestimmt bis zum Schluss verteidigen. Im »overleg« ist auch die Stimmung meist gelöster und lockerer, als das in Deutschland üblich ist. So bringen die Teilnehmer häufig ihr Essen mit in die Sitzung oder verlassen zwischendurch kurz den Raum. Das heißt jedoch nicht, dass nicht produktiv gearbeitet würde. Nur unterscheiden sich die Begleitumstände und die Entscheidungsprozesse eben sehr vom deutschen Betriebsalltag.

Zu internationaler Bekanntheit gelangte die niederländische Konsenskultur in den 1980er und 1990er Jahren unter der Bezeichnung *Poldermodell.* Damit wird ein politischer Entscheidungsprozess bezeichnet, der weltweit für die Niederlande als typisch gilt. Der Begriff geht auf den *Polder* zurück, also eingedeichtes Land, das unter der Höhe des Meeresspiegels liegt. Das Einpoldern war die unabdingbare Voraussetzung für Wachstum und Wohlstand der niederländischen Gesellschaft, da es nur so möglich war, neues Land an das Festland anzugliedern. Im Vordergrund standen dabei das gemeinsame Ziel und das gemeinsame Handeln. Der Einzelne hatte seine Verpflichtungen für die Gemeinschaft, erhielt dafür aber als Gegenleistung auch Mitspracherechte. Bis heute haben sich diese Werte erhalten.

Sehr erfolgreich war das Poldermodell etwa 1982, als im niederländischen Wassenaar der Gewerkschaftsführer Wim Verhoeven und der Vorsitzende der Arbeitgeberorganisation VNO, Chris van Veen, gemeinsam eine Politik der Lohnzurückhaltung beschlossen, wodurch im Gegenzug Arbeitsplätze und mehr Teilzeitarbeit geschaffen wurden. Nach einem schnellen Wirtschaftsaufschwung und ansteigenden Beschäftigungszahlen entwickelte sich daher der Begriff *Poldermodell.* Dieses Modell galt lange international als niederländisches Erfolgsrezept und man versuchte es auf andere Länder zu übertragen. Ein politisches Handeln der Sozialpartner, die sich gegenseitig Zugeständnisse machen, um neue Arbeitsplätze zu schaffen, ist mittlerweile auch aus anderen Ländern bekannt. Typisch am niederländischen Poldermodell ist vor allem die große Bereitschaft der Sozialpartner, gemeinsam zu verhandeln und zu einem Konsens zu gelangen. Auch in den Niederlanden wächst jedoch der Leistungsdruck und teilweise wird versucht, Geld und Zeit auf Kosten der Betriebsbesprechungen einzusparen. Dies läuft jedoch häufig den kulturellen Grundsätzen zuwider und erschwert Entscheidungsprozesse.

Die Bereitschaft, aufeinander zuzugehen, wird jedoch nicht nur auf argumentativer Ebene erwartet. Auch Preisverhandlungen sind in den Niederlanden erst dann für beide Seiten zufrieden stellend verlaufen, wenn beide Parteien von ihrem ursprünglichen Angebot abgewichen sind. Dies ist für Deutsche wichtig zu wissen, denn dabei können die zunächst angesetzten Beträge noch beträchtlich erhöht oder eben heruntergehandelt werden. Ein guter Ratschlag ist es daher, diesen Verhandlungsspielraum zuvor mit einzuplanen – gehen Sie davon aus, dass ein Niederländer immer das Gefühl haben will, ein gutes Geschäft gemacht zu haben!

■ Beispiel 9: Eventplanung

■ Situation

Die Deutsche Uta Flieder arbeitet seit kurzem für eine internationale Bekleidungsfirma in Amsterdam. Schon bald muss sie einen großen Event organisieren. Dazu soll sie eine »angesagte« Räumlichkeit suchen, sich Gedanken über die Auswahl der Models machen, bis hin zu deren Make-up. Auch die Art der Präsentation der neuen Modelle gehört zu ihrem Aufgabenbereich. Uta Flieder holt Informationen ein, wägt Alternativen ab und erstellt schließlich einen detaillierten Gesamtplan. Als sie das Ganze ihrer Chefin Carine Rijten präsentiert, wirkt diese verärgert und sagt, sie könne nicht nachvollziehen, warum sie nicht zuvor nach ihrer Meinung gefragt worden sei. Uta Flieder hingegen ging davon aus, dass sie zunächst ihre Vorstellungen und Überlegungen präsentieren würde, danach wäre sie völlig offen für konstruktive Diskussionen gewesen. Sie ist über die Reaktion ihrer Chefin sehr enttäuscht. Sie wollte ihr doch nur Arbeit ersparen und sie nicht mit Kleinigkeiten belästigen.

Wie erklären Sie sich die Reaktion der niederländischen Chefin Carine Rijten?

– Lesen Sie nun die Antwortalternativen nacheinander durch.
– Bestimmen Sie den Erklärungswert jeder Antwortalternative für die gegebene Situation und kreuzen Sie ihn auf der darunter befindlichen Skala an. Es ist möglich, dass mehrere Antwortalternativen den gleichen Erklärungswert besitzen.

■ Deutungen

a) Uta Flieder ist viel zu direkt auf ihre Chefin zugegangen. Sie hat ihren Vorschlag so präsentiert, dass Carine Rijten annehmen musste, dies sei ihr letztes Wort. Dieses Verhalten verärgert die Chefin, da es ihrer Vorstellung von Teamarbeit widerspricht.

| sehr zutreffend | eher zutreffend | eher nicht zutreffend | nicht zutreffend |

b) Es gibt zwischen den beiden Frauen einen Konkurrenzkampf um das beste Konzept für den wichtigen Event. Da Uta Flieder als Erste einen Vorschlag präsentiert, muss ihre niederländische Chefin ihn ablehnen.

| sehr zutreffend | eher zutreffend | eher nicht zutreffend | nicht zutreffend |

c) Gerade in den Niederlanden ist es wichtig, dass Etiketteregeln eingehalten werden. So konnte Uta Flieder ihre Chefin nicht einfach mit einem fertigen Produkt konfrontieren, auch wenn es sich dabei nur um einen Vorschlag handelte.

| sehr zutreffend | eher zutreffend | eher nicht zutreffend | nicht zutreffend |

d) Carine Rijter möchte nicht, dass die Ziele zu konkret umschrieben werden. Sie ist der Meinung, dass dies den Lösungsprozess zu stark eingrenzt. Diese Arbeitsweise ist ihr zu unflexibel und das möchte sie auch zum Ausdruck bringen.

| sehr zutreffend | eher zutreffend | eher nicht zutreffend | nicht zutreffend |

– Versuchen Sie, Ihre Einstufung jeder Antwortalternative zu begründen. Halten Sie die Begründung stichpunktartig fest!

– Lesen Sie nun die Erläuterungen zu jeder Antwortalternative durch, vergleichen Sie diese mit Ihren eigenen Begründungen und suchen Sie nach einer Lösung.

■ Bedeutungen

Erläuterung zu a):

Wenn Uta Flieder so lange allein an der Konzeption gearbeitet hat und zu einem für sie überzeugenden Resultat gekommen ist, zwischendurch jedoch ihre Chefin nicht auf dem Laufenden hielt, könnte die als Vorschlag gemeinte Präsentation wie ein endgültiges, nicht mehr zu diskutierendes Ergebnis gewirkt haben. Dies erklärt Carine Rijtens Reaktion. Ein Mitarbeiter, der schon zuvor ein mögliches Ergebnis vorwegnimmt, lässt aus niederländischer Sicht die Meinung der Anderen als unbedeutend erscheinen. Uta Flieder präsentierte zunächst ihre bereits ausgearbeiteten Vorstellungen, danach wollte sie sich offen für eine Diskussion und mögliche Veränderungen zeigen. Carine Rijten hat dieses Verhalten jedoch als Alleingang ihrer Angestellten gewertet. Im Sinne der Konsenskultur müssen alle Beteiligten bereits in den *Prozess* der Lösungsfindung einbezogen werden. Es handelt sich hier somit um die richtige Deutung. Es gibt aber zudem einen anderen Gesichtspunkt, der zu beachten ist.

Erläuterung zu b):

Offensichtlich wurde Uta Flieder beauftragt, den Event zu organisieren, und zwar entweder direkt von ihrer Chefin selbst oder mit deren Einverständnis. Die Rollenverteilung Chefin-Mitarbeiterin ist also geklärt. Unter diesen Umständen wird die Chefin sicher keinen eigenen Vorschlag entwickeln. Sie ist ja auch nur verärgert darüber, dass sie bei den Vorbereitungsarbeiten nicht nach ihrer Meinung gefragt wurde. Diese Deutung ist demnach eher nicht zutreffend.

Erläuterung zu c):

Die hierarchische Beziehung wird hier überhaupt nicht in Frage gestellt: Carine Rijten ist die Vorgesetzte und Uta Flieder ihre Mitarbeiterin. Wenn jemand an einem Konzept arbeitet, gute

Einfälle hat und diese der Chefin vorlegt, ist das sicher keine Missachtung der Etikette. Das gilt auch für die Arbeit in den Niederlanden. Die Antwort ist eher nicht zutreffend. Es muss einen anderen Grund für die Verärgerung der Chefin geben.

Erläuterung zu d):
Niederländer bevorzugen einen flexiblen und offenen Arbeitsprozess, der genügend Freiräume für Veränderungen lässt. Dass alles bereits vorgeplant ist, mögen sie in der Regel nicht. Es handelt sich bei dieser Erklärung demnach um einen richtigen Aspekt, der die Reaktion von Carine Rijten zum Teil erklärt. Eine andere Deutung ist aber ebenfalls von großer Bedeutung.

▓ Lösungsstrategie

Als Uta Flieder den Arbeitsauftrag bekam, hätte sie von vornherein klären sollen, ob ihre Chefin einen komplett ausgearbeiteten Vorschlag wünscht oder in die Überlegungen mit einbezogen werden möchte. Sie hätte sich klarmachen müssen, dass die Arbeit im Team in den Niederlanden von großer Bedeutung ist. Versuchen Sie als Deutscher in einer vergleichbaren Situation, nicht erst alle Probleme selbst zu lösen, alle Alternativen zu überprüfen und bestimmte Möglichkeiten ohne Diskussion auszuschließen. Fragen Sie den Chef, wann Sie das nächste Mal vorbeikommen können, um mit ihm kurz Ihre Zwischenergebnisse zu besprechen. Machen Sie den Fortgang Ihres Projekts deutlich und signalisieren Sie, wo Sie womöglich Probleme sehen. Sie sollten dabei immer versuchen, auch während des Planungsprozesses bereits offen für Tipps und Anregungen zu sein. Fragen Sie ruhig, ob Sie in einer Woche wieder vorbeikommen sollen, um den Stand der Dinge zu besprechen. Im Vordergrund steht, so lange zu planen und zu verhandeln, bis ein für alle tragfähiger Entschluss vereinbart wird. Dies hat den Vorteil, dass man von Anfang an viele Ideen mit auf den Weg bekommt. Dabei wollen auch die Vorgesetzten in der Regel mit einbezogen werden.

Hier besteht ein Unterschied zu der Art und Weise, wie in Deutschland überwiegend gearbeitet wird. Deutsche versuchen, in Arbeitsbesprechungen perfekt vorbereitet zu sein, schon vorher die Einzelheiten im Detail zu planen und alle Eventualitäten auszuschließen. Eher wie Niederländer zu arbeiten, heißt in diesem Zusammenhang jedoch, sich stärker auf andere Meinungen stärker einzulassen und dann erst die Details schriftlich zu fixieren. In Deutschland erstellt man meist einen ausgearbeiteten Plan, ehe man ihn in der Gruppe diskutiert und modifiziert. In den Niederlanden findet der gesamte Prozess stärker im Team statt. Für Deutsche wirken Niederländer oft unvorbereitet, weil sie kein schriftliches Konzept mit zur Sitzung bringen. Deutsche registrieren jedoch zugleich, wie wunderbar offen und entspannt Niederländer selbst in die wichtigsten Besprechungen gehen – und dabei die zuvor erhaltenen Papiere und Vorlagen auch manchmal souverän ignorieren.

In letzter Zeit ist jedoch erkennbar, dass auch in den Niederlanden Verantwortlichkeiten vollständig delegiert werden. Dies geschieht aber immer noch wesentlich weniger als in Deutschland, und wenn, dann immer in gegenseitigem Einverständnis und nach vorheriger Absprache.

▓ Beispiel 10: Laute Diskussion mit Freunden

▓ Situation

Die 25-jährige Christiane hat sich entschieden, in den Niederlanden noch einen zusätzlichen Masterstudiengang zu absolvieren. Eines Abends trifft sie sich mit der deutschen Kommilitonin Juana, dem Spanier Amador und den niederländischen Bekannten Jan und Brechtje. Christiane spricht ein politisches Thema an und beginnt, auf Englisch mit Juana zu diskutieren, die ihre politischen Ansichten nicht teilt. Es entspinnt sich ein Streitgespräch. Auch Amador mischt sich in die Diskussion mit ein. Alle drei werden immer lauter und versuchen, die anderen von ihren Standpunkten zu überzeugen. Christiane fällt auf, dass sich Jan und Brechtje so gut wie gar nicht an dem Gespräch beteiligen. Brechtje fragt, warum die drei sich so anfauchen. Auch Jan meint, er fände es besser, über etwas anderes zu sprechen. Christiane findet das schade. Gern würde sie die anderen überzeugen und denkt, auch selbst noch etwas lernen zu können.

Wodurch lässt sich das Verhalten von Jan und Brechtje erklären?

– Lesen Sie nun die Antwortalternativen nacheinander durch.

– Bestimmen Sie den Erklärungswert jeder Antwortalternative für die gegebene Situation und kreuzen Sie ihn auf der darunter befindlichen Skala an. Es ist möglich, dass mehrere Antwortalternativen den gleichen Erklärungswert besitzen.

■ Deutungen

a) Brechtje und Jan haben kein Interesse an einer heftigen Diskussion, die aus ihrer Sicht aufgrund starker Einzelstandpunkte zu einer Spaltung der Gruppe führen könnte. Lautes Reden in Diskussionen deutet ihrer Meinung nach auf Irritation.

| sehr zutreffend | eher zutreffend | eher nicht zutreffend | nicht zutreffend |

b) Jan und Brechtje denken, dass es Christiane als Deutscher nicht zusteht, über Politik zu sprechen. Niederländer gehen davon aus, dass sie eine bessere Sicht auf die politische Lage haben als Deutsche.

| sehr zutreffend | eher zutreffend | eher nicht zutreffend | nicht zutreffend |

c) In der niederländischen Kultur werden die Themen Politik und Religion nur dann vertieft diskutiert, wenn man seine Gesprächspartner sehr gut kennt. Jan und Brechtje haben zu ihren Kommilitonen nicht solch eine enge Beziehung. Deshalb ist aus ihrer Sicht nicht genügend Vertrauen da, um über diese Thematik ehrlich zu sprechen. In diesem Stadium wäre ein engagiertes Gespräch zu persönlich.

| sehr zutreffend | eher zutreffend | eher nicht zutreffend | nicht zutreffend |

d) Für Jan und Brechtje ist es nicht nachvollziehbar, dass sich die anderen über Politik so ereifern können. Sie sind von der Thematik emotional nicht so berührt wie Amador und die deutschen Freunde.

| sehr | eher | eher nicht | nicht |
| zutreffend | zutreffend | zutreffend | zutreffend |

– Versuchen Sie, Ihre Einstufung jeder Antwortalternative zu begründen. Halten Sie die Begründung stichpunktartig fest!
– Lesen Sie nun die Erläuterungen zu jeder Antwortalternative durch, vergleichen Sie diese mit Ihren eigenen Begründungen und suchen Sie nach einer Lösung.

▪ Bedeutungen

Erläuterung zu a):
Diskussionen werden in Deutschland typischerweise viel lauter und engagierter als im Nachbarland geführt. In den Niederlanden versucht man, Konfrontation eher zu vermeiden. Es gilt die Norm, nicht zu heftig zu argumentieren und sich nicht zu stark vom Anderen abzusetzen. Wichtig ist es, am Ende auf einen gemeinsamen Nenner zu kommen. Es herrscht häufig die Auffassung, dass ein Streit entstehen kann, wenn man »zu sehr in die Tiefe geht«. Außerdem werden möglicherweise Kompromisse erschwert. Dies könnte zum Streit führen. Somit handelt es sich hier um einen eher bis sehr zutreffenden Aspekt zum Verständnis der Situation.

Erläuterung zu b):
Diese Deutung mag plausibel klingen. Es gibt tatsächlich eine Reihe von Niederländern, die davon überzeugt sind, dass ihre Sicht der Dinge die richtige ist. Allerdings denken das auch viele Deutsche. Dies allein bedeutet noch nicht, dass man nicht mit anderen diskutieren will. Auch richtete sich das Verhalten nicht speziell gegen die Deutschen, denn der Spanier Amador war ebenfalls involviert. Die Deutung ist somit eher nicht zutreffend.

Erläuterung zu c):

In niederländischen Familien und bei engen Freunden wird wie in Deutschland auch zu vielen Themen Stellung bezogen. Es ist aber zutreffend, dass die klassisch konfliktträchtigen Themen wie Politik und Religion normalerweise in der Öffentlichkeit eher vermieden werden. Traditionell mussten in Folge der »Versäulung« (siehe nachfolgende kulturhistorische Verankerung) in der niederländischen Gesellschaft viele Gruppen mit sehr unterschiedlichen Standpunkten zusammenleben und miteinander auskommen. Daraus entwickelte sich eine Politik des »Sich-in-Ruhe-Lassens«. Inzwischen werden zwar auch heikle Themen verstärkt in der Öffentlichkeit diskutiert, etwa der Einfluss des Islam oder der Umgang mit Kriminalität. Dies ändert aber nur wenig an der allgemeinen Tendenz, politische Inhalte normalerweise aus Gesprächen mit Bekannten und Arbeitskollegen auszuklammern. Die Deutung ist somit eher zutreffend.

Erläuterung zu d):

In der niederländischen Tradition berühren die Bürger politische Themen tatsächlich gefühlsmäßig nicht so stark wie in Deutschland. Politische Debatten beschränkten sich bislang auf bestimmte intellektuelle Kreise. Dies hat sich in den letzten drei Jahren etwas gewandelt. Politik berührt seitdem stärker emotional. Als der Regisseur Theo van Gogh 2004 von einem politisch motivierten Islamisten auf seinem Fahrrad ermordet wurde, entstand eine Diskussion über den Umgang mit Islamisten und insbesondere über die Ahndung von Straftaten. Diese dauert bis heute an und wird nach wie vor heftig geführt. Dennoch sind Gefühlsausbrüche in der calvinistisch geprägten Gesellschaft eher untypisch. Diese Deutung ist somit eher zutreffend.

■ Lösungsstrategie

Es wäre gut, wenn Christiane, Juana und Amador die Zurückhaltung von Jan und Brechtje bei Diskussionen respektieren und auch kleinere Beiträge am Gespräch wertschätzen könnten. Als Deutscher sollte man in einer ähnlichen Situation darauf achtgeben, dass die niederländischen Bekannten noch am Gespräch teilnehmen, da man sonst eventuell das Treffen sprengt. Man muss die Niederländer ab einem bestimmten Punkt wieder mit ins Boot holen, zum Beispiel mit einem Witz. Niederländer sind in der Regel sehr selbstironisch und in diesem Sinne angelsächsisch geprägt. Für niederländische Verhältnisse haben die drei Streithähne ihre Meinung zu deutlich geäußert und so keinen Raum für Nuancen gelassen. Wenn Sie als Deutscher zu einem Thema Standpunkte mit einem Niederländer austauschen sollten, dann versuchen Sie am besten zuerst herauszufinden, was der andere meint oder denkt. Erst dann bringen Sie vorsichtig Ihre eigene Meinung an. Sobald Sie bemerken, dass der niederländische Gesprächspartner eine gegensätzliche Meinung hat, sollten Sie in der Diskussion nicht zu bestimmt auftreten, vor allem, wenn Sie zu der betreffenden Person in keiner engen Beziehung stehen. Achten Sie immer darauf, dass Sie dem anderen nicht zu nahe treten. Auf die häufig anzutreffende deutsche Art, andere überzeugen zu wollen, reagieren Niederländer in der Regel irritiert. Aus deutscher Sicht finden auch laute Diskussionen in Freundschaft statt, in den Niederlanden wird ein solcher Ton häufig mit Beleidigung und geringer Wertschätzung dem anderen gegenüber assoziiert.

Niederländer sind in der Regel dazu erzogen, die Contenance zu bewahren. In der radikal befriedeten Kultur des Calvinismus ist der offene Disput nicht hoch angesehen. Angestrebt werden möglichst wenig konträre Punkte, damit man auch auf engem Raum gut zusammenleben kann. Dieses Gewährenlassen hat eine wichtige sozialhistorische Funktion in einem so dicht besiedelten Land wie den Niederlanden. In Deutschland ist man es eher gewöhnt, zu diskutieren und über Dinge zu streiten. In deutschen Studentenkreisen ist es beispielsweise ein regelrechter Sport, sich eine Diskussion zu liefern und auszutesten, wer am Ende die besseren Argumente hat. Das gilt als abwechslungsreiche Freizeitbeschäftigung. In den Niederlanden kann man böse anecken, wenn man versucht, dies auszuleben, denn es wird schnell mit einer »typisch deutschen« dominanten Art assoziiert. Deutsche hingegen legen das Diskussionsverhalten der Niederländer häufig als mangelnde Kompetenz oder als Unsicherheit aus. In deutschen

Diskussionen werden unterschiedliche Standpunkte häufig zugespitzt formuliert, es wird versucht, Daten und Informationsquellen als sachliche Beweise anzubringen und so die Aussagen des Gegenübers anzuzweifeln. Die eigene Position wird nicht so schnell aufgegeben. Wenn Niederländer schnell nachgeben, wird ihr Standpunkt von den Deutschen als wenig fundiert angesehen. Diese meinen dann wiederum, bei den Deutschen zu wenig Kompromissbereitschaft zu erkennen. In den Niederlanden wird eher versucht, das Gemeinsame zu betonen und dem anderen in vielen Punkten zuzustimmen. In Bezug auf verbleibende Unstimmigkeiten gilt es, möglichst einen Kompromiss zu finden.

Zumindest nach außen hin haben Deutsche ein stärkeres politisches Bewusstsein. Gewerkschaften und Streiks spielen beispielsweise eine wesentlich größere Rolle als in den Niederlanden. In den letzten Jahren veränderte sich jedoch bei zahlreichen Niederländern der Umgang mit politischen Themen. Vereinzelt führte dies sogar dazu, dass einige Bürger auf sehr platte Art und Weise ihren (rechten) Standpunkt äußerten. Es zeigte sich, dass ein großer Teil der Bevölkerung seit Jahren unzufrieden mit der politischen Lage war, aber keinen Weg gefunden hatte, dies zu äußern – weil sie nicht daran gewöhnt waren und somit keine angemessene Ausdrucksmöglichkeit fanden. Diese Unzufriedenheit war ein entscheidender Faktor für den Erfolg des 2002 ebenfalls ermordeten Rechtspopulisten und bekennenden Integrationsgegners Pim Fortuyn. Gezielt brach er mit dem niederländischen Tabu, die eigene Meinung nicht zu deutlich zu äußern. Er ging in seiner Provokation sogar so weit, dass er öffentlich mitteilte, als Homosexueller nichts dagegen zu haben, sich auch islamischer Prostituierter zu bedienen. Der Erfolg der rechten Parolen fiel insofern besonders auf, als das Land sich stets auf seine Tradition der Toleranz berufen hatte.

▪ Kulturhistorische Verankerung von »Konsenskultur«

Die Charakterisierung der niederländischen Gesellschaft als tolerant und pluralistisch geht auf ein langjähriges Nebeneinander verschiedener Glaubensrichtungen zurück. Seit dem 17. Jahrhundert ist der Protestantismus die dominierende Glaubensrichtung, doch daneben bildeten auch die Katholiken immer eine starke Gruppe. Ihr Glaube war zwar nicht öffentlich zugelassen, wurde aber toleriert. Zudem gab es auch innerhalb der protestantischen Kirche stets verschiedene Richtungen. Jede religiöse Gemeinschaft musste sich behaupten, keine war groß genug, um den Staat völlig zu erobern. Dies hatte eine intensive Bindung des Einzelnen an seine Gemeinschaft zur Folge, die sich innerlich fest zusammenschließen musste, um sich von der andersgläubigen Außenwelt abgrenzen zu können.

Der Einzelne war mehr oder weniger gezwungen, in der Öffentlichkeit seinen Glauben zu bekennen. Diese nach außen gekehrte Religiosität war für die niederländische Mentalität von großer Bedeutung. Toleranz, Individualismus und Bindung an die eigene Gemeinschaft gehörten zusammen. Die Identität der Gemeinschaft zählte im alltäglichen Leben mehr als die nationale Identität – ein Umstand, der durch die lange Neutralität begünstigt wurde.

Die Segmentierung der Gesellschaft spiegelte sich in allen Lebensbereichen, jeder lebte in seiner eigenen Gruppe: einer protestantischen, katholischen, liberalen oder später auch sozialistischen »Säule«. Man spricht daher von »Verzuiling« (Versäulung). Als Katholik ging man in die katholische Schule, in den katholischen Sportverein, arbeitete in einem katholischen Betrieb und ging zu einem katholischen Arzt. Man heiratete katholisch und kaufte seine Brötchen beim »richtigen« Bäcker, auch wenn dieser ein Dorf weiter wohnte. Vor allem aber wählte man auch katholisch – denn zu jeder Säule gehörte auch die entsprechende Partei. Das politische Leben war daher stark von der Versäulung geprägt. Jede »Säule« hatte zudem ihre eigenen Fernsehprogramme, die Sendezeit in Radio und Fernsehen wurde unter den vier großen Säulen aufgeteilt. Das Geheimnis des Pluralismus lag also darin begründet, sich gegenseitig in Ruhe zu lassen und in vollkommen getrennten Welten zu leben. Erst mit den gesellschaftlichen Umwälzungen der 1960er Jahre verlor die Versäulung an Einfluss. In der zweiten Hälfte des 20. Jahrhunderts sind viele Menschen aus den christlichen Kirchen ausgetreten, die aktuelle Zahl der Konfessionslosen wird auf über 50 % der Bevölkerung geschätzt.

Die traditionell enge Bindung an die religiöse Gemeinschaft führte zu einem Staatsverständnis, das den übergeordneten Staat als notwendigen Beschützer sieht. Weil der Staat die Umverteilung der Steuergelder übernahm, gewährte er der eigenen Glaubensgemeinschaft Spielraum und Sicherheit. Die Erhaltung und das gute Funktionieren der zentralen Gewalt lagen also im Interesse aller Gruppen. Der Staat steht nicht über den gesellschaftlichen Gruppierungen, sondern ist umgekehrt nur ihretwillen da und verdankt ihnen seine Existenz. »Ohne den Staat geht es nicht – aber er darf nicht zu anmaßend werden, er soll sich nicht einbilden, von Gottes Gnaden zu sein!«, erläutert der niederländische Historiker Hermann von der Dunk eine typische Haltung. Damit hängt auch das vergleichsweise pragmatische Rechtsverständnis in den Niederlanden zusammen, die Lässigkeit und Flexibilität der Behörden.

Demgegenüber ist die deutsche Gesellschaft eher durch den fürstlichen Absolutismus und die Verbindung von Kirche und Staat geprägt. Der niederländischen Glaubenskultur steht die deutsche Geisteskultur entgegen: Das deutsche Bürgertum profilierte sich im 19. Jahrhundert durch Bildung und Wirtschaft, weil es politisch wenig zu sagen hatte. In den Niederlanden wurden dagegen Moral und Gesinnung großgeschrieben. Das deutsche Hierarchiedenken steht der niederländischen Egalität und Kollegialität gegenüber: Streitkultur und Debatten hier, Konsenskultur dort. Diese Auffassung erklärt unter anderem die Freimütigkeit, in deutschen Augen vielleicht Respektlosigkeit staatlichen Würdenträgern gegenüber.

Bezeichnend für die politische Kultur der Niederlande ist die Art der Beschlussfassung. Auch sie geht auf das föderative System des 17. Jahrhunderts zurück. Niederländische Politiker wie der Magistrat oder hohe Beamte mussten stets die Meinungen der eigenen Fraktion oder Gruppe berücksichtigen, sie konnten nichts unternehmen ohne die Gewissheit, dass man ihre Entscheidung gutheißen würde. Die Konsequenz war ein Höchstmaß an Vorsicht und Rücksichtnahme, das bis heute die niederländische Politik prägt. Die Beschlussfassung läuft nicht einfach von oben nach unten, sondern es findet ein Kreislauf statt. Man stimmt sich ab, geht in »Overleg«, die Vertreter der verschiedenen Parteien suchen gemeinsam nach einer Lösung und einigen sich auf einen Kompromiss.

PLANNERER

▉ Themenbereich 4: Beziehungsorientierung

▉ Beispiel 11: Privatleben

▉ Situation

Der Deutsche Dieter Bach arbeitet seit kurzem im Gebiet der Randstad in der Nähe von Amsterdam. Er ist für eine große niederländische Firma tätig, die Waren ins Ausland exportiert. Ihm fällt auf, dass seine niederländischen Kollegen und Kolleginnen in der Firma ihm sehr schnell und völlig unaufgefordert persönliche Dinge vom Wochenende, aus ihren Familien oder dem Freundeskreis erzählen. Dieter Bach würde sein Privatleben nicht so in die Firma tragen, vor allem, wenn er die Mitarbeiter noch nicht so gut kennt. Es stört ihn auch, dass er oft selbst auf private Dinge angesprochen wird und seine Kollegen ihn geradezu ausfragen. Er wundert sich darüber, dass sie so viele Details über sein Privatleben wissen wollen.

Wie erklären Sie sich die Situation?

– Lesen Sie nun die Antwortalternativen nacheinander durch.
– Bestimmen Sie den Erklärungswert jeder Antwortalternative für die gegebene Situation und kreuzen Sie ihn auf der darunter befindlichen Skala an. Es ist möglich, dass mehrere Antwortalternativen den gleichen Erklärungswert besitzen.

▉ Deutungen

a) Die niederländischen Mitarbeiter in einem solchen auf den Export ausgerichteten Unternehmen haben es im beruflichen

93

Alltag viel mit Ausländern zu tun, mit denen sie immer nur fachlich und sachlich verkehren. Daher haben sie ein großes Bedürfnis, mit den direkten Kollegen, zu denen auch Dieter Bach gehört, Privates auszutauschen.

| sehr zutreffend | eher zutreffend | eher nicht zutreffend | nicht zutreffend |

b) Die niederländischen Kollegen von Dieter Bach sind misstrauisch und horchen ihn deshalb aus. Dieter Bach wäre nicht der erste Deutsche, der blauäugig in diese Falle getappt ist.

| sehr zutreffend | eher zutreffend | eher nicht zutreffend | nicht zutreffend |

c) Weil Dieter Bach ein so netter und umgänglicher Mensch ist, ziehen ihn die niederländischen Kollegen ins Vertrauen.

| sehr zutreffend | eher zutreffend | eher nicht zutreffend | nicht zutreffend |

d) Niederländische Kollegen wollen typischerweise im Team in einer guten persönlichen Beziehung zusammenarbeiten. Das Reden über private Dinge schafft aus ihrer Sicht eine engere und effektivere Arbeitsatmosphäre. Wenn die Mitarbeiter anfangen, Dieter Bach über sein Privatleben »auszufragen«, signalisieren sie ein Interesse über den rein sachlichen Aspekt hinaus.

| sehr zutreffend | eher zutreffend | eher nicht zutreffend | nicht zutreffend |

– Versuchen Sie, Ihre Einstufung jeder Antwortalternative zu begründen. Halten Sie die Begründung stichpunktartig fest!
– Lesen Sie nun die Erläuterungen zu jeder Antwortalternative durch, vergleichen Sie diese mit Ihren eigenen Begründungen und suchen Sie nach einer Lösung.

▓ Bedeutungen

Erläuterung zu a):
Ebenso wie für die niederländischen Mitarbeiter ist es auch für Mitarbeiter in deutschen Unternehmen nicht ungewöhnlich, mit ausländischen Partnern zu kommunizieren und zu kooperieren, und es ist zu erwarten, dass auch Dieter Bach solche Erfahrungen gemacht hat. Bei ihm führen diese Erfahrungen jedoch nicht zu einem vermehrten Bedürfnis hinsichtlich eines Austausches privater und familiärer Beziehungen am Arbeitsplatz. Das unterschiedliche Ausmaß an Offenheit bzw. Verschlossenheit in Bezug auf die Weitergabe privater Informationen, das Dieter Bach auffällt und das ihn im Zusammenhang mit seinen Mitarbeitern stört, muss einen anderen Grund haben als den vermerkten Kontakt mit ausländischen Partnern am Arbeitsplatz.

Erläuterung zu b):
Wenn die niederländischen Partner Dieter Bach gegenüber wirklich misstrauisch wären, dann würden sie sicherlich keine Details aus ihrem eigenen Privatleben ausplaudern. Die Situationsschilderung legt im Gegenteil eher die Vermutung nahe, dass die Kollegen Dieter Bach wie ihresgleichen behandeln und daher ganz vertraulich mit ihm umgehen. Es muss also eine andere Erklärung für das beschriebene Verhalten geben. Die Deutung ist somit eher nicht zutreffend.

Erläuterung zu c):
Es gibt tatsächlich Menschen, die eine so positive Ausstrahlung haben, dass andere ihnen gegenüber jede Art von Reserviertheit aufgeben und schnell auch persönliche Dinge ansprechen. In der geschilderten Situation fällt Dieter Bach aber nicht nur die ungewöhnliche Bereitschaft seiner niederländischen Kollegen auf, private Dinge mit ihm zu besprechen, sondern ihn stört zugleich, dass sie ihn immer wieder sehr direkt auffordern, auch private Dinge über sich selbst mitzuteilen, die sie eigentlich nichts angehen. Es kann also nicht allein an der spezifischen Ausstrahlung seiner Person liegen, dass diese Art von Privatheit im Umgang am Arbeitsplatz stattfindet. Dies ist somit keine zutreffende Deutung.

Erläuterung zu d):

Im niederländischen Arbeitsleben sind persönliche Erlebnisse und Erfahrungen Teil der professionellen Beziehung. Da der Mitarbeiter als Person mit seinen sehr individuellen Kompetenzen im Mittelpunkt steht, sind Informationen aus dem Privatleben auch in der Arbeitsumgebung erwünscht, das heißt, diese Erklärung ist zutreffend. Der Idealfall ist erreicht, wenn die Stimmung »gezellig« ist, was nur unzureichend mit dem altmodischen deutschen Wort »gesellig« übersetzt ist. Es beschreibt eher eine »sehr nette Atmosphäre, locker und angenehm«. Dahinter steckt die Überzeugung, dass man nur dann gut zusammenarbeiten kann, wenn man auch persönlich miteinander vertraut ist.

▨ Lösungsstrategie

Dieter Bach sollte versuchen, sein Distanzdenken abzulegen und sich den Kollegen gegenüber ein wenig mehr zu öffnen. Er kann zunächst im Beisein seiner Kollegen erwähnen, dass ihm aufgefallen ist, dass es in Deutschland nicht im gleichen Maße üblich ist, berufliche und private Bereiche miteinander zu vermischen. Dabei sollte er zugleich zum Ausdruck bringen, dass er bemüht ist, sich der Firmenkultur anzupassen. Natürlich hat dies seine Grenzen, die er mit Rücksicht auf seine eigenen Vorlieben und Gewohnheiten nicht zu weit überschreiten sollte. Es ist auch nicht angebracht, zu emotional auf die privaten Fragen reagieren. Wenn es darauf ankommt, wird sein enger privater Bereich respektiert und niemand wird ihn zwingen, zu sehr ins Detail zu gehen.

So könnte er zunächst versuchen, den Kollegen einige für ihn selbst eher unwichtige private Informationen mitzuteilen (was die Niederländer anfangs auch so machen) oder die Fragen charmant zu umgehen, beispielsweise durch eine witzige Bemerkung. Vor allem sollte er nicht versuchen, der Gruppe auszuweichen. Eine allgemeine Verweigerung, an den Privatgesprächen teilzunehmen, wird als sehr unhöflich angesehen. Dann würde er schnell zum Außenseiter im Team. Es besteht dann die Gefahr, dass Gerüchte über Dieter Bach verbreitet werden. Spricht er hingegen offen über einige Bereiche seines Privatlebens, macht ihn das deutlich weniger angreifbar und er steht souveräner da.

Über eigene Probleme zu sprechen, wird in den Niederlanden nicht als Schwäche angesehen. Im Gegenteil dient ein solcher Gedankenaustausch der Betonung des Beziehungsaspekts. Die sachliche Arbeit selbst wird so relativiert. Im deutschen Berufsleben wird die Vermischung der Privat- und Arbeitsebene häufig als unprofessionell erfahren, da viele glauben, dass die Arbeit dann liegen bleibt und insgesamt nicht mehr hundertprozentig gewissenhaft gearbeitet wird. In den Niederlanden geht man im Gegenteil von einem leistungsfähigeren Team aus, wenn die einzelnen Mitarbeiter einen engen Kontakt haben.

Machen Sie sich bewusst, dass in den Niederlanden viele Entscheidungen häufig schon vor den offiziellen Konferenzen getroffen werden. Spielen Sie im Team mit! Meist darf dabei in den Niederlanden eine Tasse Kaffee nicht fehlen und private wie geschäftliche Dinge kommen gleichermaßen zur Sprache.

◼ Beispiel 12: Der befreundete Projektmanager

◼ Situation

Nach dem Architekturdiplom findet Judith Reuter eine Anstellung bei einem niederländischen Bauamt, ihre Aufgabe ist die Bearbeitung und Prüfung von Bauanträgen. Der Projektmanager einer größeren Handelskette, Lou Smet, plant mehrere Filialen, und so diskutieren die beiden über einen längeren Zeitraum hinweg die entsprechenden Baupläne. Schnell sind sie per Du und sprechen sich mit Judith und Lou an. Das Verhältnis ist sehr locker und gelöst, Lou Smet ruft in regelmäßigen Abständen an und die beiden tauschen sich oft auch über private Dinge aus. Judith hat das Gefühl, dass eine persönliche Bindung entstanden ist. Als Probleme im Zusammenhang mit der Baugenehmigung auftauchen, bleiben die regelmäßigen Anrufe von Lou Smet plötzlich aus. Der Kontakt bricht beinah ab und wird auf das Nötigste reduziert. Judith Reuter ist von Lou Smets Verhalten enttäuscht. Aufgrund des engen Kontakts versprach sie sich mehr Loyalität und Interesse ihr gegenüber.

Wie lässt sich Lou Smets Verhalten erklären?

– Lesen Sie nun die Antwortalternativen nacheinander durch.

– Bestimmen Sie den Erklärungswert jeder Antwortalternative für die gegebene Situation und kreuzen Sie ihn auf der darunter befindlichen Skala an. Es ist möglich, dass mehrere Antwortalternativen den gleichen Erklärungswert besitzen.

■ Deutungen

a) Lou Smet hat den Eindruck, dass Judith Reuter sich in ihn verliebt hat. Er will sie jetzt nicht noch näher an sich herankommen lassen, um keine falschen Hoffnungen zu wecken. Deshalb bricht er den Kontakt ab.

| sehr zutreffend | eher zutreffend | eher nicht zutreffend | nicht zutreffend |

b) Lou Smet ging es vor allem darum, das Genehmigungsverfahren so schnell wie möglich abzuschließen. Niederländer treiben seit Jahrhunderten weltweit Handel und sind sehr gerissene und listige Geschäftsleute. Judith Reuter war zu naiv.

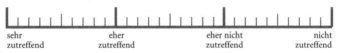

| sehr zutreffend | eher zutreffend | eher nicht zutreffend | nicht zutreffend |

c) Lou Smet ist einfach freundlich mit Judith Reuter umgegangen, um eine nette Arbeitsatmosphäre zu schaffen. Er wollte die Zusammenarbeit so gut wie möglich gestalten. Judith Reuter hat den Fehler gemacht, dies als Freundschaft zu interpretieren.

| sehr zutreffend | eher zutreffend | eher nicht zutreffend | nicht zutreffend |

d) Lou Smets Unterlagen sind nicht in Ordnung und das ist ihm gegenüber Judith Reuter sehr peinlich – gerade weil sie sich näher kennen gelernt haben.

| sehr zutreffend | eher zutreffend | eher nicht zutreffend | nicht zutreffend |

– Versuchen Sie, Ihre Einstufung jeder Antwortalternative zu begründen. Halten Sie die Begründung stichpunktartig fest!

– Lesen Sie nun die Erläuterungen zu jeder Antwortalternative durch, vergleichen Sie diese mit Ihren eigenen Begründungen und suchen Sie nach einer Lösung.

■ Bedeutungen

Erläuterung zu a):

Im niederländischen Arbeitsleben kommt es natürlich auch vor, dass sich Kollegen oder Menschen, die geschäftlich miteinander zu tun haben, ineinander verlieben. Die geschilderte Situation enthält jedoch keine Anhaltspunkte, die darauf hinweisen. Zudem handelte es sich dabei nicht um einen typischen Kulturunterschied, da dies in Deutschland natürlich gleichermaßen passiert – somit eine zu vernachlässigende Deutung.

Erläuterung zu b):

Lou Smet ist Geschäftsmann. Die Niederlande sind seit Jahrhunderten ein Handelsvolk, dies ist ein wichtiger Bestandteil der Kultur und hat die Gesellschaft geprägt. Man täte Lou Smet jedoch Unrecht, wenn man ihm vorsätzliches unehrliches Verhalten unterstellen würde. Die Deutung ist somit eher nicht zutreffend. Vielmehr ist ein anderer Aspekt ausschlaggebender.

Erläuterung zu c):

Ein schnell aufgebauter freundlicher Kontakt im Arbeitsleben verläuft in den Niederlanden häufig anders als in Deutschland und kann wesentlich kurzfristiger und unverbindlicher sein. Die niederländische Geschäftskultur ist »freundschaftlicher« und offener als die deutsche. Lou Smet hat nur dem üblichen korrekten Umgangston entsprochen, daraus kann keine Sonderstellung abgeleitet werden. Judith Reuter hat dieses Verhalten fälschlicherweise als Freundschaft interpretiert. Es gibt daher keinen Grund für Judith Reuter, persönlich enttäuscht zu sein. Die Deutung der Situation ist sehr zutreffend.

Erläuterung zu d):
Dieser Aspekt könnte eine Rolle gespielt haben. Auch können Planungsschwierigkeiten im Unternehmen selbst vorliegen, die unbekannt sind. Das wäre aber eher Spekulation. Ein anderer Aspekt ist mit größerer Wahrscheinlichkeit ausschlaggebend.

■ Lösungsstrategie

Judith Reuter sollte lernen, dass man den ersten Kontakt und die daraus entstandene Beziehung in den Niederlanden zunächst nicht überbewerten darf. Eine gewisse höfliche beobachtende Distanz gegenüber dem Verhalten der Niederländer ist hier angebracht. So handelt es sich im vorliegenden Fall um eine geschäftliche und nicht um eine persönliche Beziehung – und dementsprechend sollten auch ihre Erwartungen sein. Deutsche ziehen häufig falsche Schlussfolgerungen aus dem lockeren Verhalten der Niederländer. Mit seinen direkten Arbeitskollegen duzt man sich in den Niederlanden fast ausschließlich, ein »Sie« gilt als steif, formell und arrogant. Es ist ein besonders wichtiges Ziel, bei der Arbeit eine angenehme Stimmung zu schaffen, dabei spielen auch Witze und Humor eine wichtige Rolle. Häufig wird – mehr als in Deutschland – zwischendurch mit den Kollegen eine Tasse Kaffee getrunken, man nimmt sich Zeit, um »gezellig een beetje te kletsen« (nett ein bisschen zu quatschen). Niederländer sind in der Regel gern zu einem Plausch bereit. Die Aussage »Koffie is klaar« (Kaffee ist fertig) hat eine große Bedeutung, weil das gemeinsame Kaffeetrinken eine Art Ritual darstellt. Bei der Arbeit wird generell auch viel herumgealbert, also versuchen Sie Humor zu beweisen, sonst gelten Sie schnell als Miesepeter.

Nach Judith Reuters Verständnis hatte das Verhalten von Lou Smet Aufforderungscharakter, sich verstärkt um freundschaftlichen Kontakt, unabhängig von der eigentlichen Arbeit, zu bemühen. Wenn ein Deutscher private Begebenheiten mit einem Kollegen bespricht, möchte er normalerweise signalisieren, dass dieser ihm wichtiger ist als andere Mitarbeiter. Dabei geht der Deutsche davon aus, dass der Niederländer das Verhalten in gleicher Art und Weise interpretiert. Dinge, die sich von außen betrachtet zwischen den beiden Kulturen nicht unterscheiden, haben somit in den beiden Ländern eine andere Bedeutung. Dies führt leicht zu Fehlinterpretationen, denn Niederländer und Deutsche ziehen aus exakt dem gleichen Verhalten ganz verschiedene Schlüsse. Der Niederländer möchte vor allem eine nette Arbeitsatmosphäre schaffen. Daraus kann sich eine Freundschaft entwickeln, aber das ist nicht die Regel. In diesem Punkt sind Niederländer nämlich gleichermaßen wählerisch wie Deutsche.

■ Beispiel 13: Lehrvertretung

■ Situation

Der Deutsche Geograph Richard Epple hat seit kurzem einen Lehrauftrag an einer niederländischen Universität. Er fragt, ob sein niederländischer Kollege Robert van der Star eine Seminarsitzung für ihn übernehmen könnte. Dieser meint, er sei gern dazu bereit, aber er müsse noch eben in seinem Kalender nachschauen. Kurz danach kommt Robert van der Star zu Richard Epple und bedauert, er habe an diesem Tag einen wichtigen Arzttermin, würde aber versuchen, diesen zu verschieben. Erst Tage später teilt er mit, dass der Termin sich nicht ändern lasse. Er fängt an zu begründen, warum der Besuch beim Arzt für ihn so wichtig sei. Nun ist schon viel Zeit vergangen und Richard Epple ärgert sich. Jetzt wird es schwer, eine Vertretung zu finden.

Wie erklären Sie sich die Reaktion von Robert van der Star?

– Lesen Sie nun die Antwortalternativen nacheinander durch.
– Bestimmen Sie den Erklärungswert jeder Antwortalternative für die gegebene Situation und kreuzen Sie ihn auf der darunter befindlichen Skala an. Es ist möglich, dass mehrere Antwortalternativen den gleichen Erklärungswert besitzen.

■ Deutungen

a) So wichtig ist Robert van der Star das Anliegen von Richard Epple nicht, als dass er sich bemühen würde, Richard Epple so schnell Bescheid zu geben. Er hat schließlich noch andere Dinge zu tun.

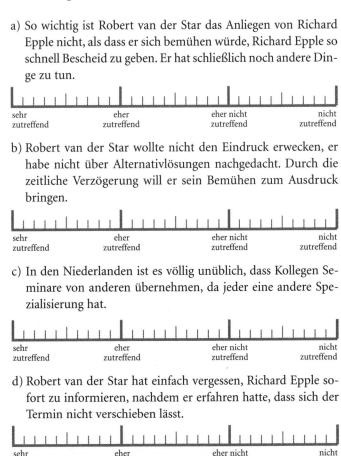

| sehr zutreffend | eher zutreffend | eher nicht zutreffend | nicht zutreffend |

b) Robert van der Star wollte nicht den Eindruck erwecken, er habe nicht über Alternativlösungen nachgedacht. Durch die zeitliche Verzögerung will er sein Bemühen zum Ausdruck bringen.

| sehr zutreffend | eher zutreffend | eher nicht zutreffend | nicht zutreffend |

c) In den Niederlanden ist es völlig unüblich, dass Kollegen Seminare von anderen übernehmen, da jeder eine andere Spezialisierung hat.

| sehr zutreffend | eher zutreffend | eher nicht zutreffend | nicht zutreffend |

d) Robert van der Star hat einfach vergessen, Richard Epple sofort zu informieren, nachdem er erfahren hatte, dass sich der Termin nicht verschieben lässt.

| sehr zutreffend | eher zutreffend | eher nicht zutreffend | nicht zutreffend |

– Versuchen Sie, Ihre Einstufung jeder Antwortalternative zu begründen. Halten Sie die Begründung stichpunktartig fest!
– Lesen Sie nun die Erläuterungen zu jeder Antwortalternative durch, vergleichen Sie diese mit Ihren eigenen Begründungen und suchen Sie nach einer Lösung.

■ Bedeutungen

Erläuterung zu a):
Tatsächlich hat Richard Epple seinem niederländischen Kollegen keinen Termin genannt, bis wann er eine definitive Zu- oder Absage benötigt. Allerdings ist Robert van der Star lange genug Dozent an einer Universität, um zu wissen, dass es nicht einfach ist, so kurzfristig noch eine Lehrvertretung zu finden. So überzeugend kann diese Deutung den Verlauf nicht erklären, der schließlich Richard Epple so in Bedrängnis bringt, dass er sich über seinen Kollegen ärgert.

Erläuterung zu b):
Niederländer vermeiden es oft, unmittelbar eine klare Absage zu erteilen, und lassen die Antwort zunächst lieber offen. Ansonsten könnte der andere denken, man nehme sein Anliegen nicht ernst. Die direkte Aussage, dass man sofort weiß, dass man auf keinen Fall die Vertretung übernehmen kann, hätte viele niederländischen Kollegen vor den Kopf gestoßen. Es handelt sich hiermit um die zutreffende Deutung.

Erläuterung zu c):
Zweifellos gibt es zwischen Universitäten innerhalb einzelner Länder und natürlich auch im internationalen Vergleich Unterschiede. Die eine Universitätskultur lässt gegenseitige Vertretungen in Lehrveranstaltungen problemlos zu, in anderen ist dies schwieriger. Eine fachliche Überspezialisierung ist in diesem Fall jedoch kein triftiger Grund, da Richard Epple seinen Kollegen Robert van der Star sicher nicht um die Vertretung gebeten hätte, wenn er befürchtete, dass dieser der Aufgabe nicht gewachsen sein könnte. Dazu sind beide als Universitätsdozenten zu erfahren und der niederländische Kollege hatte ja auch prinzipiell eingewilligt. Es muss einen anderen Grund geben.

Erläuterung zu d):
Der Verlauf des aus mehreren Stufen bestehenden Prozesses, in dem Robert van der Star versucht, Richard Epples Wunsch zu erfüllen, also erst eine Zusage mit Einschränkungen, dann eine Absage mit Einschränkungen und schließlich die endgültige Ab-

sage, soll dem deutschen Kollegen zeigen, dass Robert van der Star intensiv mit dem Problem befasst ist und sich um eine Lösung bemüht. Vergessen hat er es bestimmt nicht.

■ Lösungsstrategie

Während man in Deutschland in vergleichbaren Situationen eher direkt und ehrlich sagen würde, dass man keine Zeit hat, sollte man in den Niederlanden vor allem signalisieren, dass man sich bemüht. Grundsätzlich wird zunächst eine Äußerung wie »Ich werde alles versuchen, um es möglich zu machen« erwartet. Wer sofort ablehnt, erweckt den Eindruck, er habe nicht wirklich über Alternativlösungen nachgedacht. Manchmal erledigt sich die Frage dann ohnehin von selbst. Im Gegensatz zum deutschen sachbezogenen Verhalten versucht man in den Niederlanden, die Absage etwas sanfter zu verpacken. Das wirkt weniger eckig und erhält die gute Beziehung. Das heißt nicht, dass Niederländer niemals »Nein« sagen, wenn sie auf eine Bitte nicht eingehen können oder wollen. Es ist der Ton, der die Musik macht. Natürlich gilt dies prinzipiell auch in deutschen Betrieben. Die Bedeutung dieses Aspektes ist für das niederländische Arbeitsleben jedoch weitaus größer als in Deutschland und nicht zu unterschätzen.

Interessanterweise äußert man jedoch sehr direkt, wenn man gerade gestresst ist und sich durch einen Kollegen gestört fühlt. Eine in dieser Situation aus niederländischer Sicht unangebrachte Höflichkeit schafft im Zweifelsfall eher Missverständnisse. In den Niederlanden gilt es als akzeptabel, jemanden spontan bei der Arbeit anzusprechen. Man geht davon aus, dass die Person pragmatisch denkt und direkt äußert, wenn ihr dies nicht passt. Ein typischer niederländischer Satz wäre in dieser Situation: »Sorry, ik heb het nu erg druk. Zullen we het er vanmiddag even over hebben? Fijn, dank je.« (»Entschuldigung, ich habe gerade sehr viel zu tun. Können wir das heute Nachmittag besprechen? Prima, vielen Dank!«). Damit signalisiert man zugleich grundsätzliches Interesse an dem Gespräch. Würde man den anderen einfach abwimmeln, könnte er schnell den Eindruck gewinnen, man sähe seine eigene Tätigkeit als wichtiger an. Dies würde der Beziehungsorientierung widersprechen.

An diesen beiden Aspekten zeigt sich, wie komplex die Interaktion in den Niederlanden ist. Patentrezepte kann es daher nicht geben. Während erwartet wird, dass man Stress klar und deutlich anzeigt, ist diese Deutlichkeit bei der Frage um eine Vertretung unerwünscht. Bei genauerem Hinsehen erkennt man aber, dass es in beiden Fällen um unbedingten Respekt dem anderen gegenüber geht. Prinzipiell gilt in den Niederlanden, dass die Arbeit nicht wichtiger sein darf als der zwischenmenschliche Kontakt und dass das nette Miteinander nicht unter dem Arbeitsdruck leiden sollte. In Deutschland würde die Sachorientierung es eher rechtfertigen, unter Zeitdruck die Arbeit zügig zu beenden, auch wenn die Beziehungsebene womöglich darunter leidet. Anerkennende Aussagen wie die, dass jemand zwar aus menschlicher Sicht ein »Idiot« sei, aber sehr gute Arbeit leiste und man deshalb auf ihn in der Belegschaft nicht verzichten wolle, hört man von Niederländern äußerst selten. In Deutschland wird da häufiger getrennt.

Eine gute Möglichkeit, Kontakt zu den niederländischen Kollegen aufzubauen, bietet sich häufig am Freitagabend. In vielen Betrieben, vor allem im Raum Amsterdam, nehmen die Mitarbeiter dann gemeinsam einen »borrel«, also einen Drink. Wenn es am Freitag heißt »Gaan we nog even een borrel nemen?«, also »Wollen wir noch einen trinken gehen?«, sollte man auf jeden Fall daran teilnehmen und andere Termine hinten anstehen lassen. Was hier passiert, ist auch am Montag noch Gesprächsthema im Team.

Die niederländische Beziehungsorientierung ist aber auch dadurch gekennzeichnet, dass sie mit einem ausgeprägten Individualismus des Einzelnen einhergeht. Niederländer legen wie Deutsche Wert darauf, solche Dinge, die ihnen persönlich wichtig sind, auch zu realisieren. Der persönliche Terminkalender hat eine große Bedeutung. So können Sie als Neuling in der Firma nicht davon ausgehen, dass die gleichen Kollegen, mit denen Sie bei der Arbeit gut auskommen, Ihnen auch anbieten, Ihnen abends die Stadt zu zeigen oder noch etwas gemeinsam zu unternehmen. Am Wochenende ziehen sich die Kollegen meist in ihren privaten Freundeskreis oder die Familie zurück. Es wird in der Regel nicht gern gesehen, wenn man spontan unangemeldet bei

Niederländern privat auftaucht, das würde dann oft eher wie ein Überfall wirken.

Auch ein Besuch um die Essenszeit ist insofern problematisch, da es in den Niederlanden meist nicht üblich ist, dass Leute spontan mitessen. Besuche werden in der Regel vorher vereinbart. Oft muss man die Einladung zu einem Abendessen Wochen zuvor festsetzen. Wie in allen Kulturen gibt es jedoch immer mehr größere Gruppen und Subkulturen, die sich dem Verhaltenskodex ausgesprochen oder unausgesprochen entziehen und diesbezüglich entspannter und lockerer sind. Was die Masse tut, gilt nicht für den Einzelnen. Deshalb sollte man prophylaktisch annehmen, dass das anzutreffende Verhalten dem hier beschriebenen entspricht, aber zugleich prüfen, ob die jeweilige Person diesem Verhaltensmuster auch wirklich entspricht.

■ Kulturhistorische Verankerung von »Beziehungsorientierung«

Wenn sich zwei Menschen begegnen und miteinander kommunizieren, geschieht dies auf zwei Ebenen: Kommuniziert wird sowohl der inhaltliche Aspekt (Sachebene) als auch auf der zwischenmenschlichen Ebene (Beziehungsebene). So wird auf der Sachebene im beruflichen Kontext vor allem inhaltlich gearbeitet. Die Beziehungsebene verdeutlicht die Atmosphäre, die zwischen den Interaktionspartnern besteht. In der interkulturellen Psychologie wurde von zahlreichen Wissenschaftlern erkannt, dass Kulturunterschiede auftauchen, wenn die Sach- oder die Beziehungsebene von einer Gruppe prinzipiell als die Wichtigere angesehen wird – wenngleich betont wird, dass immer beide Ebenen eine Rolle spielen. In den Niederlanden gilt der Grundsatz, dass harmonische Beziehungen mit anderen Menschen einen mindestens ebenso hohen Stellenwert haben wie der damit verbundene sachliche Aspekt.

Seit Jahrhunderten sind die Niederländer ein Land der Kaufleute. Seit Generationen gewinnt man mit Offenheit und unkomplizierter Kontaktaufnahme den Handelspartner für seine Sache.

Bereits im 17. Jahrhundert, das in den Niederlanden als »Gouden Eeuw« (Goldenes Zeitalter) bezeichnet wird, betrieb das Land weltweiten Handel und erreichte großen Wohlstand. Die Kaufmannsleute und Bürger hatten starken Einfluss und die Niederlande entwickelten sich zu einer bedeutenden, reichen Handelsnation. Die VOC (»Vereenigde Oostindische Compagnie«) wurde die weltweit größte Handelsvereinigung und dominierte vor allem den Asienhandel. Vertragliche Verpflichtungen waren oft im Ausland gerichtlich nicht durchsetzbar, deshalb musste schnell ein vertrauensvolles Verhältnis aufgebaut werden. Dieser Kaufmannsgeist prägt nach wie vor das Miteinander in der niederländischen Gesellschaft.

Der Kulturstandard *Beziehungsorientierung* ist zudem eng mit den Werten der egalitären bürgerlichen Gesellschaft verbunden. Da ständig zwischen den einzelnen gesellschaftlichen Gruppen ein Konsens erreicht werden musste, waren Streitigkeiten kontraproduktiv und wurden möglichst vermieden. Es gab keine absolutistischen Herrscher, die in diesen Fällen schnell für Ruhe hätten sorgen können. Daher spielt das persönliche Verhältnis und die gute Atmosphäre – als Basis für die Klärung von möglichen Streitigkeiten – eine wichtige Rolle.

Vor allem ist bei diesem Kulturstandard auch ein Blick auf das deutsche Orientierungssystem im Vergleich zum niederländischen unerlässlich. Die Frage ist nicht nur, worin die kulturhistorische Verankerung für die niederländische Beziehungsorientierung besteht, sondern auch, warum diese für deutsche Fach- und Führungskräfte so auffällig anders ist. Deutsche werden von Niederländern meist als sehr sachorientiert wahrgenommen. Ein sachliches Verhalten gilt in Deutschland jedoch als professionell und signalisiert Kompetenz. Gegenseitiges Vertrauen entsteht in Deutschland in der Regel dadurch, dass zwei Personen auf der sachlichen Ebene gut zusammenarbeiten. Auch dies lässt sich durch den kulturhistorischen Hintergrund erklären: Die Deutschen lebten bis ins 19. Jahrhundert innerhalb zahlreicher Kleinstaaten in relativ stabilen sozialen Strukturen, die hierarchisch geprägt waren. Werte wie Gehorsam und Disziplin waren von großer Bedeutung. Zudem wirkte sich durch die Vorherrschaft Preußens der sehr sachbezogene Bürokratismus auch auf die anderen Länder aus. Der weltweite Handel spielte dabei für Deutschland kaum eine Rolle, Kolonien wurden erst sehr spät, zu Zeiten Kaiser Wilhelms II. erworben. Wirtschaftlich standen in Deutschland die Industrialisierung und neue technische Errungenschaften im Vordergrund. Während die Niederländer vor allem gute Geschäfte machen wollten, wurde in Deutschland versucht, möglichst effektiv strukturierte Industriebetriebe aufzubauen.

■ Themenbereich 5:
Pragmatismus

■ Beispiel 14: Fehlerhafte Lieferung nach Frankreich

■ Situation

Bettina Schenk arbeitet seit einiger Zeit in der Kundenbetreuung einer Produktionsfirma in den Niederlanden. Gemeinsam mit anderen Kollegen überwacht und koordiniert sie die Lieferung der Ware ins europäische Ausland. Sie nimmt ihre Aufgabe ernst und bemüht sich, alles ganz korrekt zu machen. Auch als sie in das komplexe Computersystem eingearbeitet wird, ist sie ganz bei der Sache. Kurze Zeit später verschickt sie jedoch versehentlich 20 Kisten zuviel an einen Kunden in Frankreich. Ihr ist das sichtbar peinlich und sie schämt sich. Sie macht sich Sorgen um ihren Arbeitsplatz, weil der Fehler ihre Firma sicher viel Geld gekostet hat. Kurz darauf erfährt der niederländische Teamleiter, Henk Schoenmaker, von dem Vorfall. Er spricht Bettina Schenk sehr freundlich an und beruhigt sie – sie sei ja noch nicht so lange dabei und wisse ja nun inzwischen, wie das Ganze funktioniere. Bettina Schenk ist sehr erleichtert und meint, in Deutschland wäre sie wahrscheinlich nicht so glimpflich davongekommen.

Wie lässt sich die Reaktion von Henk Schoenmaker erklären?

– Lesen Sie nun die Antwortalternativen nacheinander durch.
– Bestimmen Sie den Erklärungswert jeder Antwortalternative für die gegebene Situation und kreuzen Sie ihn auf der darunter befindlichen Skala an. Es ist möglich, dass mehrere Antwortalternativen den gleichen Erklärungswert besitzen.

▉ Deutungen

a) Bettina Schenk ist so genau, dass sie vor Angst, etwas falsch zu machen, manchmal den Überblick verliert. Henk Schoenmaker möchte sie nicht noch mehr verunsichern, da er sie fachlich sehr schätzt.

| sehr zutreffend | eher zutreffend | eher nicht zutreffend | nicht zutreffend |

b) Henk Schoenmaker ist ein erfahrener Teamleiter und weiß, dass bei so komplexen Vorgängen Fehler unvermeidbar sind. Für ihn gehört das zum Alltag.

| sehr zutreffend | eher zutreffend | eher nicht zutreffend | nicht zutreffend |

c) Die Produktionsfirma, in der Bettina Schenk beschäftigt ist, verdient so gut, dass ein Verlust von ein paar Kartons Ware nicht ins Gewicht fällt.

| sehr zutreffend | eher zutreffend | eher nicht zutreffend | nicht zutreffend |

d) Für die Firma ist es am wichtigsten, dass letztlich das Problem aus dem Weg geschafft wurde. Niemand will sich zu lange mit den Ursachen befassen, da dies unter Umständen nur noch mehr Zeit kostet.

| sehr zutreffend | eher zutreffend | eher nicht zutreffend | nicht zutreffend |

- Versuchen Sie, Ihre Einstufung jeder Antwortalternative zu begründen. Halten Sie die Begründung stichpunktartig fest!
- Lesen Sie nun die Erläuterungen zu jeder Antwortalternative durch, vergleichen Sie diese mit Ihren eigenen Begründungen und suchen Sie nach einer Lösung.

Erläuterung zu a):
Menschen, die übergenau sind und mit relativ komplexen Sachverhalten umgehen müssen, können durchaus vor lauter Kontrollzwang und Detailarbeit die Übersicht verlieren – doch dies ist hier nicht der springende Punkt. Bettina Schenk ist ein kleiner Fehler unterlaufen, der immer mal vorkommen kann, aber in diesem Fall eine große Wirkung nach sich zog. Henk Schoenmaker sieht das wohl ähnlich. Dies beantwortet jedoch nicht die Frage, warum er so unerwartet reagiert, zumindest aus Sicht von Bettina Schenk.

Erläuterung zu b):
Sicher ist Henk Schoenmaker erfahren und Fehler dieser Art sind ihm als Teamleiter nicht unbekannt. Ganz so egal scheint ihm der Fall jedoch nicht zu sein, weil er auf die Tatsache, dass Bettina Schenk noch neu im Unternehmen ist, anspielt. Aber warum macht er mit ihr zusammen keine Fehleranalyse, keine Ursachenerkennung mit dem Ziel, eine Nullfehler-Leistung in Zukunft zu erreichen?

Erläuterung zu c):
Immerhin ist das ein Fehler, der bei Kunden entstanden ist. Auch wenn die Firma einen solchen Verlust verkraften kann, so ist der Imageschaden nicht zu unterschätzen. Die Genauigkeit und Zuverlässigkeit der Firma bei der Warenanlieferung steht auf dem Spiel. Trotzdem reagiert Henk Schoenmaker recht gelassen und erstaunlich abgeklärt. Warum?

Erläuterung zu d):
Fehler werden im niederländischen Berufsleben eher akzeptiert als in Deutschland. Es geht stärker darum, die negativen Folgen der Fehler zu verringern, als sich mit den Ursachen zu beschäftigen. Man geht davon aus, dass jeder sein Bestes gibt. Dabei wird nicht unbedingt Perfektionismus angestrebt. Wichtig ist, möglichst schnell ans Ziel zu kommen. Somit handelt es sich hier um die zutreffende Deutung. Niederländer verfolgen eine flexible Ar-

beitsweise und gehen daher vor allem pragmatisch vor, wenn Fehler passieren.

■ Lösungsstrategie

Machen Sie sich bewusst, dass Niederländer ausgesprochen pragmatisch sind. Auch dies geht auf die Handelsmentalität zurück. Letztlich geht es immer darum, dass *das Geschäft abgeschlossen und der Deal gemacht wird*. Gerade bei internationalen Kontakten muss ein Händler flexibel reagieren können, da man nie ganz genau einschätzen kann, wie sich der fremde Geschäftspartner verhält und der Vorgang sich weiter entwickelt. Es geht somit stärker darum, die negativen Folgen von Fehlern zu verringern, als sich mit den Ursachen zu beschäftigen.

Bettina Schenk braucht sich um ihren Arbeitsplatz keine Sorgen zu machen, da in den Niederlanden im Allgemeinen der Grundsatz gilt: Learning by doing. Ein wichtiges Sprichwort ist zudem: »Waar gehakt wordt, vallen spaanders.« (»Wo gehobelt wird, da fallen Späne.«) Der Satz ist zwar in Deutschland ebenfalls bekannt, wird in den Niederlanden aber tatsächlich gelebt, auch am Arbeitsplatz. Man geht davon aus, dass der jeweilige Fehler nicht noch einmal gemacht wird und dass Fehler eben vorkommen. Wichtig ist dabei, dass Sie nicht versuchen, etwas zu vertuschen. Weisen Sie auf eigene Fehler offen und ehrlich hin und fragen Sie ruhig, wie Sie es demnächst besser machen können. Eigene Schwächen zu zeigen ist erlaubt. Wenn Sie selbst in einer Führungsposition sind, sollten Sie Fehler Ihrer Angestellten zwar ansprechen, diese aber nicht zu stark tadeln. Konstruktive Lösungsvorschläge vom Chef sind willkommen. Sie können den Nutzen der Fehler aufzeigen und das System langfristig verbessern.

Im Sinne der calvinistisch geprägten Gesellschaft gilt Perfektionismus als Überheblichkeit: Gut ist gut genug. In einer egalitären Gesellschaft sind alle gleich und man geht davon aus, dass jeder sein Bestes gibt. So würde es der *Beziehungsorientierung* und der *flachen Hierarchie* widersprechen, jemanden bloßzustellen, und auch der *Konsens* könnte bei zu heftiger Kritik gefährdet sein. Es herrscht zudem die Überzeugung: Weil man mit Fehlern entspannter umgeht, macht man insgesamt auch weniger! Die Angst vor Fehlern wirkt sich aus niederländischer Sicht negativ auf die eigenen Kompetenzen aus. Nun meinen Deutsche häufig, dies führe zu mehr anfänglichen Fehlern als in Deutschland. Wer hier richtig liegt, lässt sich schwer feststellen. Niederländer jedenfalls leben nach der Prämisse, dass hundertprozentige Sicherheit und Fehlerfreiheit nicht möglich sind. Auch im deutschen Management scheint sich dieser Standpunkt allmählich durchzusetzen: Die Angestellten sollen nicht nur lernen, Fehler zu vermeiden, sondern sie sollen damit umgehen lernen. *Error-Management* ist das Stichwort in modernen Trainingsmaßnahmen auch in Deutschland, es gilt als effektives zeitgemäßes Managementwerkzeug. In unserem Nachbarland wurde dieser Weg schon lange zuvor eingeschlagen, pragmatisch auf niederländische Art und Weise.

▓ Beispiel 15: Evaluationsgespräch

▓ Situation

Helena Schneider arbeitet seit etwa einem Jahr in einem Raumplanungsbüro in den Niederlanden. Sie entwirft Pläne für die Gestaltung von Grünflächen in der Innenstadt. Nun wird sie zum Evaluationsgespräch mit ihrem Chef Gerrit van den Dries gebeten. Für niederländische Arbeitnehmer ist es üblich, regelmäßig ein Feedback über ihre Arbeitsleistung zu erhalten, und da Helena Schneider sich sicher ist, durchgehend gute Arbeit geleistet zu haben, macht sich keine großen Sorgen. Sie geht völlig unvorbereitet in das Gespräch. Zwar werden ihre positiven Eigenschaften klar gesehen, aber auch Kritikpunkte kommen sehr deutlich zur Sprache. Es heißt, sie finde sich in der niederländischen »Overleg«-Kultur nicht gut zurecht und wirke unsicher. Außerdem übe sie wenig Selbstkritik, andere hingegen kritisiere sie gern. Eine so deutliche Sprache kennt Helena Schneider aus deutschen Betrieben nur im Kontext von Krisengesprächen. Dennoch verabschiedet sich ihr Chef Gerrit van den Dries äußerst freundlich von ihr, tut, als sei nichts gewesen und wünscht ihr ein schönes Wochenende. Helena Schneider ist jedoch in ihrem Selbstwertgefühl sehr getroffen.

Wie erklären Sie sich das Verhalten ihres Chefs Gerrit van den Dries?

– Lesen Sie nun die Antwortalternativen nacheinander durch.
– Bestimmen Sie den Erklärungswert jeder Antwortalternative für die gegebene Situation und kreuzen Sie ihn auf der darunter befindlichen Skala an. Es ist möglich, dass mehrere Antwortalternativen den gleichen Erklärungswert besitzen.

■ Deutungen

a) Helena Schneider hat eine völlig falsche Vorstellung von ihrer Leistung und ist sich nicht darüber im Klaren, was von ihr in den Niederlanden erwartet wird.

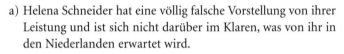

| sehr | eher | eher nicht | nicht |
| zutreffend | zutreffend | zutreffend | zutreffend |

b) Der Chef Gerrit van den Dries hat etwas gegen die deutsche Mitarbeiterin Helena Schneider, weil sie unfähig zu Selbstkritik ist und er insgesamt auf Deutsche nicht gut zu sprechen ist.

| sehr | eher | eher nicht | nicht |
| zutreffend | zutreffend | zutreffend | zutreffend |

c) In den Niederlanden gilt ähnlich wie in Deutschland die Regel: »Dienst ist Dienst und Schnaps ist Schnaps.« Die Leistungsbewertung kann noch so kritisch ausfallen, bei der Verabschiedung ist der Chef trotzdem die Freundlichkeit in Person.

| sehr | eher | eher nicht | nicht |
| zutreffend | zutreffend | zutreffend | zutreffend |

d) Der Chef will, dass Helena an sich arbeitet. Zu viele Höflichkeitsfloskeln führen seiner Meinung nach nicht zu einem besseren Ergebnis. So nennt er die Dinge direkt beim Namen. Wenn ihre Arbeitsleistung wirklich schlecht wäre, würde er noch deutlicher werden.

| sehr zutreffend | eher zutreffend | eher nicht zutreffend | nicht zutreffend |

– Versuchen Sie, Ihre Einstufung jeder Antwortalternative zu begründen. Halten Sie die Begründung stichpunktartig fest!
– Lesen Sie nun die Erläuterungen zu jeder Antwortalternative durch, vergleichen Sie diese mit Ihren eigenen Begründungen und suchen Sie nach einer Lösung.

▓ Bedeutungen

Erläuterung zu a):

Fehleinschätzungen bezüglich der eigenen Leistungsfähigkeit am Arbeitsplatz sind nicht selten und können unter fremdkulturellen Arbeitsbedingungen gehäuft auftreten, weil womöglich andere Leistungsstandards als in Deutschland angelegt werden. Offensichtlich hat Helena Schneider nicht mit einer so direkten und unverblümten Kritik gerechnet. Diese leistungsbezogenen Fehleinschätzungen und das unerwartete Verhalten des Chefs nach Abschluss der Feedbacksitzung erklären aber noch nicht so recht sein Verhalten. Diese Deutung ist eher unwahrscheinlich.

Erläuterung zu b):

Es gibt keinen Hinweis auf Aversionen gegen die deutsche Mitarbeiterin. Helena Schneider ist schon ein Jahr lang im Unternehmen und ihre fachlichen Leistungen werden durchaus gewürdigt. Kritisiert werden ein Mangel an Anpassungsfähigkeit an die in den Niederlanden vorherrschende »Overleg-Kultur« sowie ein Mangel an Selbstkritik. Vorurteile und Aversionen gegen Helena Schneider als Deutsche sind in diesem Kontext nicht erkennbar. Es muss eine andere Erklärung geben.

Erläuterung zu c):

Es ist sicher sinnvoll und zeugt von einem guten Führungsstil, wenn nach einem kritischen Leistungsfeedbackgespräch versucht wird, wieder eine menschlich angenehme Atmosphäre zu schaffen. Schließlich müssen der niederländische Chef Gerrit van den Dries und Helena Schneider weiterhin zusammenarbeiten. Die harte und unverblümt vorgetragene Kritik an Helena Schneiders Verhalten ist damit aber keineswegs geklärt. Diese Deutung ist eher nicht zutreffend.

Erläuterung zu d):
Das Feedback von Gerrit van den Dries ist nicht als Abmahnung zu verstehen. Kritik wird in den Niederlanden oft klarer geäußert als in Deutschland. Man schafft mit seinen Mitarbeitern möglichst schnell eine Vertrauensbasis, nach kurzer Zeit ist die Sprache dann aber auch oft sehr direkt. Der Ton ähnelt einem partnerschaftlichen Gespräch. Die ehrliche Kritik ist als gut gemeinte Anleitung gedacht, sich zu verbessern. Es handelt sich hiermit um die zutreffende Deutung.

■ Lösungsstrategie

Machen Sie sich bewusst, dass Mitarbeitergespräche in den Niederlanden und in Deutschland häufig unterschiedlich geführt werden. In Deutschland wird seitens der Mitarbeiter die Kontrolle durch den Vorgesetzten in der Regel mit der Suche nach Schwächen assoziiert, nicht mit dem Ausbau von vorhandenem Potenzial. Mitarbeitergespräche sind in unserem Nachbarland stärker ein Dialog als ein Monolog. Obwohl es Zielvereinbarungsgespräche heutzutage auch vermehrt in Deutschland gibt, setzten sie sich viel später durch als in den Niederlanden, wo derartige Gespräche bereits seit den 1970er Jahren üblich sind. Deutschland nähert sich nun eher an. Sind Sie selbst Vorgesetzter, ist es zwingend erforderlich, diese Gespräche mit den niederländischen Angestellten zu führen.

Die Zielvereinbarung wird dabei von beiden Seiten gestaltet und es geht darum zu schauen, was insgesamt erreicht wurde. Dabei wird evaluiert, was zum einen der Chef von seinem Mitarbeiter hält, aber umgekehrt erhält auch der Mitarbeiter die

Möglichkeit, die Leistung und den Führungsstil seines Chefs zu beurteilen. Das ist eine Form von *Human Ressource Management* aus dem angelsächsischen Raum, die schon vor Jahrzehnten in das niederländische Berufsleben implementiert wurde.

Niederländer berichten, dass sie Probleme damit haben, wie in Deutschland Zeugnisse geschrieben werden. »Hat sich bemüht, immer pünktlich zu sein« heißt im Klartext: »War oft zu spät.« Warum sagt man das nicht direkt?, fragen sie dann. Diese Verklausulierungen sind in den Niederlanden unbekannt. Wenn ein vergleichbares Feedback wie das hier dargestellte von einem deutschen Vorgesetzten geäußert würde, wüsste man, dass es sich um eine schlechte Beurteilung handelt. Der niederländische Chef hingegen würde, wenn er unzufrieden wäre, dies deutlicher und direkter sagen. Er geht davon aus, dass Vertrauen aufgebaut wurde und man daher ehrlich miteinander sein kann. In der hier vorliegenden Situation denkt sich der niederländische Chef Gerrit van den Dries, dass alles, was er nicht angesprochen hat, gut ist – eben weil er es sonst erwähnt hätte.

Wenn Sie als Deutscher unsicher sind, wie Sie eine Äußerung zu verstehen haben, sollten Sie bei Ihren niederländischen Vorgesetzten direkt die Bedeutung und Schwere der Kritik hinterfragen. Kommunizieren Sie, dass solche Gespräche für Sie ungewohnt sind. Sie sollten auch selbst direkt argumentieren und ihren Standpunkt deutlich machen. In den Niederlanden schätzt man, wenn ehrlich gesagt wird, was einem nicht passt. Dabei ist es sehr wichtig, dass kritische Kommentare in einen netten und lockeren Ton mit stichhaltigen Begründungen verpackt werden. Um die *Beziehungsorientierung* nicht zu gefährden, wird versucht, die mögliche Schärfe der Äußerung auf andere Art und Weise zu kompensieren. So wird Kritik zwar direkt geäußert, gleichzeitig dürfen dem anderen jedoch keine Vorschriften gemacht werden. Gerade in schwierigen Situationen fällt Deutschen diese Art der Kommunikation meist sehr schwer.

Übrigens: Auch bei einem reinen Erfahrungsaustausch mit anderen Firmen kann es vorkommen, dass Sie deutlich zu hören bekommen, was die andere Firma von Ihren Ideen hält – und auch, was ihr gar nicht gefällt.

■ Beispiel 16: Hierarchiesprung

■ Situation

Sylvia Bier arbeitet seit kurzem als Projektmanagerin in einer international agierenden Organisation in den Niederlanden. Der schriftlichen Stellenbeschreibung entnimmt sie, dass sie für ein kleines Team Führungsverantwortung haben soll und ihr eine Abteilungsleiterin übergeordnet ist. Diese ist selbst wiederum einer Bereichsmanagerin namens Beatrix van der Kaa gegenüber verantwortlich. Kurze Zeit später wird in der Organisation damit begonnen, das Programm jedes einzelnen Mitarbeiters für den nächsten Planungszeitraum zu konzipieren. Sylvia Bier stellt sich das Vorgehen so vor, dass ihre Mitarbeiter ihr zunächst ihre eigenen Vorstellungen vorlegen. Sie selbst möchte diese dann untereinander abgleichen und später mit der Abteilungsleiterin besprechen. Gemeinsam mit der Bereichsmanagerin soll anschließend ein stimmiges Gesamtkonzept entwickelt werden. In einer Besprechung mit dem ihr zugeordneten Team hört Sylvia Bier dann aber von einer Mitarbeiterin, dass diese die wichtigsten Punkte schon spontan mit der Bereichsleiterin Beatrix van der Kaa direkt besprochen habe. Es wurden also zwei Hierarchieebenen übersprungen.

Wie erklären Sie sich das Verhalten der Niederländerinnen?

- Lesen Sie nun die Antwortalternativen nacheinander durch.
- Bestimmen Sie den Erklärungswert jeder Antwortalternative für die gegebene Situation und kreuzen Sie ihn auf der darunter befindlichen Skala an. Es ist möglich, dass mehrere Antwortalternativen den gleichen Erklärungswert besitzen.

■ Deutungen

a) Hiermit signalisiert die Mitarbeiterin, dass sie von Sylvia Biers Organisationskompetenzen nicht viel hält. Gerade von einer Deutschen lässt sie sich nichts vorschreiben. Deshalb geht sie lieber sofort zu der niederländischen Vorgesetzten, auch wenn diese nicht direkt zuständig ist.

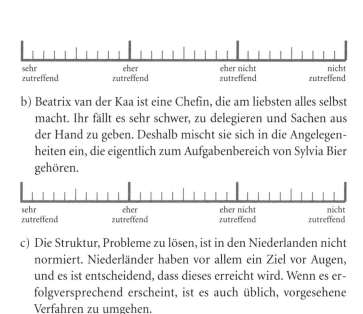

| sehr zutreffend | eher zutreffend | eher nicht zutreffend | nicht zutreffend |

b) Beatrix van der Kaa ist eine Chefin, die am liebsten alles selbst macht. Ihr fällt es sehr schwer, zu delegieren und Sachen aus der Hand zu geben. Deshalb mischt sie sich in die Angelegenheiten ein, die eigentlich zum Aufgabenbereich von Sylvia Bier gehören.

| sehr zutreffend | eher zutreffend | eher nicht zutreffend | nicht zutreffend |

c) Die Struktur, Probleme zu lösen, ist in den Niederlanden nicht normiert. Niederländer haben vor allem ein Ziel vor Augen, und es ist entscheidend, dass dieses erreicht wird. Wenn es erfolgversprechend erscheint, ist es auch üblich, vorgesehene Verfahren zu umgehen.

| sehr zutreffend | eher zutreffend | eher nicht zutreffend | nicht zutreffend |

d) Die Mitarbeiterin hat sich von der hierarchischen Position, die Beatrix van der Kaa innehat, nicht einschüchtern lassen. Auch hohe Führungspersonen haben in den Niederlanden den Anspruch, für alle Mitarbeiter ansprechbar und erreichbar zu sein. Der Umgang ist über die Hierarchiestufen hinweg ist sehr locker und offen.

| sehr zutreffend | eher zutreffend | eher nicht zutreffend | nicht zutreffend |

– Versuchen Sie, Ihre Einstufung jeder Antwortalternative zu begründen. Halten Sie die Begründung stichpunktartig fest!
– Lesen Sie nun die Erläuterungen zu jeder Antwortalternative durch, vergleichen Sie diese mit Ihren eigenen Begründungen und suchen Sie nach einer Lösung.

■ Bedeutungen

Erläuterung zu a):
Es ist nicht auszuschließen, dass die Mitarbeiterin ein persönliches Problem mit Sylvia Bier hat. Wie bereits mehrfach beschrieben, gibt es Niederländer, die sich mit Deutschen schwer tun – auch wenn dies immer seltener der Fall ist. In der vorliegenden Situation sprechen jedoch keine Anhaltspunkte für diese Vermutung. Man macht es sich zu einfach, wenn man alle Unstimmigkeiten auf diesen Umstand zurückführt. Eine andere Deutung ist wesentlich wahrscheinlicher.

Erläuterung zu b):
Niederländische Führungskräfte haben in der Regel keine Probleme, Aufgaben zu delegieren. Das Führungsverständnis wird vielfach als »helicopter view« bezeichnet. Hauptaufgabe ist es demnach, den Überblick zu behalten und einzelne Teile miteinander zu vernetzen. Somit ist nicht anzunehmen und daher auch eher nicht zutreffend, dass Beatrix van der Kaa Probleme mit der Tätigkeit von Sylvia Bier hat und die Angelegenheit lieber persönlich regeln möchte.

Erläuterung zu c):
In den Niederlanden wird flexibler gearbeitet als in Deutschland. Strukturen und Regeln gelten in erster Linie als Orientierung, die aber im Bedarfsfall frei interpretierbar sind und auch problemlos umgangen werden können. Der Dienstweg ist nicht das Dogma, letztlich steht das Ziel an erster Stelle. Wie dieses erreicht wird, ist von sekundärer Bedeutung, da können auch zufällige Treffen hilfreich sein. Es handelt sich somit um eine sehr zutreffende Deutung.

Erläuterung zu d):
Es stimmt, dass niederländische Angestellte sehr selbstbewusst sind und Probleme bei ihren Vorgesetzten schneller ansprechen als in Deutschland. Auch der Umgang untereinander ist lockerer. Es kommt oft vor, dass sich der Chef spontan mit einer Sachbearbeiterin über das Wochenende austauscht. Die Deutung ist

zwar zutreffend, erklärt aber nicht die in der Situation entstandenen Missverständnisse.

■ Lösungsstrategie

Sylvia Bier sollte sich klar machen, dass ihre Mitarbeiterin sie nicht böswillig übergangen hat. Daher wäre es ungünstig für sie selbst, sich im Team darüber beschweren – dies würde als unnötiges Problematisieren gewertet und könnte ihr schnell als mangelndes Selbstbewusstsein ausgelegt werden. Sie würde verbissen wirken, was in der lockeren und beziehungsorientierten niederländischen Arbeitswelt besonders negativ auffällt. Sie sollte vielmehr positiv an die Sache herangehen und es einfach hinnehmen, dass der Vorgang sich nun zufälligerweise so entwickelt hat. Gute Kommunikation ist in dieser Situation besonders wichtig. Sylvia Bier sollte zuerst zur Bereichsmanagerin Beatrix van der Kaa gehen, um abzuklären, ob tatsächlich alles so besprochen wurde und die Ergebnisse unter Umständen abzugleichen. Sie muss versuchen, dahinter zu kommen, was in ihrem Team unbürokratisch besprochen wird, das heißt, sie sollte oft Meetings ansetzen, um Ideen auszutauschen. Auch in Deutschland gibt es informelle Strukturen in Firmen, aber die Tendenz, über eigene Netzwerke unkonventionell Entscheidungen zu treffen, ist in den Niederlanden wesentlich größer. Im Zentrum steht der Wunsch, möglichst pragmatisch und schnell ans Ziel zu gelangen. Wenn sich dafür spontan eine Möglichkeit ergibt, wird diese genutzt. Dafür muss jeder Mitarbeiter flexibel und nicht allzu regelorientiert handeln. Niederländische Arbeitnehmer diskutieren gern und sprechen mit unterschiedlichen Personen über Lösungsansätze.

An dieser Situation zeigt sich besonders deutlich, wie stark innerhalb eines kulturellen Orientierungssystems die einzelnen Kulturstandards miteinander in Verbindung stehen.

In diesem Beispiel lässt sich etwa das Zusammenspiel einer *flachen Hierarchie* und der *Konsenskultur* beobachten. Durch die ausgeprägte *Beziehungsorientierung* ist es einfacher, informelle Netzwerke und Kommunikationsstrukturen aufzubauen. Dies alles erleichtert es, schnell und pragmatisch ans Ziel zu gelangen.

Die deutliche Ausprägung des Pragmatismus zeigt sich im gesamten niederländischen Arbeitsprozess, der als sehr ergebnisorientiert charakterisiert werden kann. Niederländer haben in der Regel ein grobes übergeordnetes Ziel vor Augen, das problemlos veränderbar ist und eine flexible Reaktion zulässt. Deutsche legen gern schon vorab den Arbeitsprozess detailliert fest, damit möglichst keine Fehler entstehen. Diesen Plan gilt es dann auch möglichst einzuhalten, Abweichungen sieht man als Unzulänglichkeiten.

Deutsche gehen davon aus, dass ein gefasster Beschluss verbindlich ist. Im niederländischen Arbeitsleben ist es jedoch durchaus üblich, dass beschlossene Arbeitsabläufe auch kurze Zeit später wieder verändert und bereits abgestimmte Abläufe modifiziert werden. In diesem Zusammenhang spricht man von einer »Heroverwegingscultuur« (Kultur des »Noch-einmal-darüber-Nachdenkens«). Es kann Ihnen passieren, dass bereits vereinbarte Dinge von den Niederländern nur einen Tag nach der gemeinsamen Besprechung wieder über den Haufen geworfen werden – weil neue Fakten bekannt geworden sind, weil jemand begründete Bedenken hatte oder weil das eigene Team nicht ganz einverstanden war. Dies ist dann die Kehrseite dessen, dass niederländische Mitarbeiter oft ein so weit reichendes Mandat haben. Sie vereinbaren zuweilen Dinge, die hinterher, nach Rücksprache mit dem eigenen Vorgesetzten oder mit dem Team, modifiziert werden müssen. Es heißt daher nicht ganz ohne Grund: *Die Deutschen lieben Grundsatzentscheidungen, die Niederländer Grundsatzdiskussionen.*

Aus Sicht einiger Deutscher fehlt in den Niederlanden eine feste Grundstruktur, sie interpretieren das flexible Handeln als Folge einer schlechten Planung. Wenn Arbeitsläufe improvisiert werden müssen, ist dies aus deutscher Sicht oft ein Zeichen für schlechte Vorbereitung, während Niederländer stolz auf die Fähigkeit zur Improvisation und ihre hohe Flexibilität sind. Um mit dieser von der deutschen so verschiedenen Kultur der Beschlussfassung zurechtzukommen, sollten Sie mit Ihren niederländischen Kollegen oder Geschäftspartnern ständig Kontakt halten – und immer mal nachfragen, wie der Stand der Dinge ist, ob sich etwas verändert hat oder ob alles läuft wie geplant.

◾ Kulturhistorische Verankerung von »Pragmatismus«

Für eine Nation, die wie die Niederlande durch die Seefahrt und den weltweiten Handel geprägt ist, war es über Jahrhunderte hinweg von entscheidender Bedeutung, sich auf verschiedenen Schauplätzen zurechtzufinden, unbekannte Situationen schnell einschätzen und flexibel reagieren zu können.

Auch die Art, wie die Niederländer ihre eigene Lebenswelt dem Wasser abgerungen haben, setzte eine enge Zusammenarbeit und pragmatisches Handeln voraus. Dieses gemeinsame Ringen prägt die Mentalität bis heute. Bereits seit Jahrhunderten befindet sich das Land in einem ständigen Kampf gegen das Wasser: Auf Überschwemmungen musste häufig spontan reagiert werden, Pragmatismus war überlebensnotwendig. Schon vor Urzeiten errichteten die Niederländer ihre Wohnhäuser auf Erdhügeln, die sie untereinander mit Dämmen verbanden. Die noch häufig vorzufindenden Windmühlen sollten für einen konstanten Wasserhaushalt sorgen. Trotzdem kam es immer wieder zu Flutkatastrophen. Wie groß die potenzielle Gefahr nach wie vor ist, zeigte sich im Herbst 2007. Ganze Flussarme im Süden des Landes wurden komplett von der Nordsee abgeriegelt, indem die gigantischen Tore der *Deltawerke* erstmals seit ihrem Bau geschlossen wurden. 1997 fertiggestellt, ist die Anlage eigens gebaut worden, um das Land vor einer Sturmflut zu schützen. Sie ist drei Kilometer lang und besteht aus 65 riesigen Betonpfeilern. Dies mittlerweile als neuzeitliches *Weltwunder* bezeichnete Zeugnis niederländischer Wasserbautechnik dient heute vielen anderen Hochwasser bedrohten Ländern als Vorbild.

Noch heute leben 60 % der Niederländer in Gebieten, die vor dem Wasser geschützt werden müssen, der tiefste Punkt des Landes liegt sieben Meter unter dem Meeresspiegel (Prins Alexanderpolder). Das heißt, die Bedrohung ist nach wie vor aktuell, und daher sind auch die Werte und Ideale, die den eigenen Schutz ermöglichen, bis auf den heutigen Tag gültig. Diese lange Tradition des sich Schützens aus eigener Kraft hat die Niederlande stark geprägt. Dass Schutz notwendig ist, zeigen die vielen Unglücksfälle der Vergangenheit. Bereits 1421 versanken zwanzig niederländische Dörfer für immer in einer Sturmflut, 100.000 Menschen starben. Noch im Jahr 1953 ertranken aufgrund eines schweren Südweststurmes 1.835 Menschen, 150.000 Hektar Land standen unter Wasser. Dieses Unglück war der Auslöser für die Planung der Deltawerke.

Der Pragmatismus zeigt sich jedoch auf verschiedenen Ebenen und ist eng verknüpft mit den anderen niederländischen Kulturstandards. So ist auch der lockere Umgang mit Hierarchie im Grunde dem Pragmatismus geschuldet: Man will ans Ziel gelangen und dabei spielt die Einhaltung des Dienstwegs oder des Protokolls eine untergeordnete Rolle. Die korrekte Form ist in den Niederlanden kein Wert an sich. Auch die ausgeprägte Beziehungsorientierung und der hohe Wert des Konsens haben einen klaren pragmatischen Nutzen: Man bleibt stets miteinander im Gespräch und kann dann ebenso vereint wie zupackend handeln.

Themenbereich 6: Informalität

Beispiel 17: Der verlorene Nachweis

Situation

Der Physiker Jochen Meyer tritt eine neue Stelle bei einem niederländischen Forschungsinstitut an. Dazu hätte er zu Beginn im Sekretariat noch einige Belege und Zeugnisse im Original vorzeigen müssen, aber niemand fragt nach. Auch in einer anderen Situation kann er einen schriftlichen Nachweis nicht mehr finden, den er der Sekretärin Aaltje van Kampen hätte vorlegen müssen, um nachzuweisen, dass er einen bestimmten Termin wahrgenommen hat. Aaltje van Kampen sagt ihm, dass der Nachweis eigentlich benötigt werde, sie jedoch diesmal ein Auge zudrücke. Jochen Meyer findet diese Haltung zwar im Grunde positiv, aber er denkt sich auch, dass es bei solch einem lockeren Umgang mit Bescheinigungen sehr leicht möglich ist, Dinge zu erfinden. Das macht ihn etwas misstrauisch. Aus seiner Zeit in Deutschland weiß er, dass dort immer sehr viel Wert auf schriftliche Nachweise oder beglaubigte Kopien gelegt wird.

Wie erklären Sie sich das Verhalten der niederländischen Sekretärin Aaltje van Kampen?

- Lesen Sie nun die Antwortalternativen nacheinander durch.
- Bestimmen Sie den Erklärungswert jeder Antwortalternative für die gegebene Situation und kreuzen Sie ihn auf der darunter befindlichen Skala an. Es ist möglich, dass mehrere Antwortalternativen den gleichen Erklärungswert besitzen.

■ Deutungen

a) Niederländer sind außerordentlich kulant, wenn ein Neuling in ein Unternehmen eintritt. Wenn ihm in dieser Situation ein nötiges Dokument fehlt, wird großzügig darüber hinweggeschaut, später aber nicht mehr.

sehr zutreffend	eher zutreffend	eher nicht zutreffend	nicht zutreffend

b) Was die Originale und Originalzeugnisse angeht, so hakt deshalb keiner mehr nach, weil sich die Personalabteilung bei den zuständigen Behörden nach der Richtigkeit erkundigt hat. Auch die Sekretärin Aaltje van Kampen hat, ohne Jochen Meyer zu fragen, längst per Internet geprüft, ob er tatsächlich den Termin wahrgenommen hat.

sehr zutreffend	eher zutreffend	eher nicht zutreffend	nicht zutreffend

c) Niederländische Firmen arbeiten grundsätzlich mit wenig Personal, so dass alle in der Firma überfordert sind und sich nur auf das Wesentliche konzentrieren. Die Personalabteilung und die Sekretärin haben deshalb kein Interesse daran, sich um solche Kleinigkeiten zu kümmern.

sehr zutreffend	eher zutreffend	eher nicht zutreffend	nicht zutreffend

d) Aaltje van Kampen war bereit, diese Regeln zu umgehen, weil sie dachte, dass es dem guten Einvernehmen mit Jochen Meyer nützt. Das heißt, der Grund für die Nachsichtigkeit liegt in der Beziehungsorientierung. So hat es ihr nichts ausgemacht, die Regeln zu umgehen.

sehr zutreffend	eher zutreffend	eher nicht zutreffend	nicht zutreffend

– Versuchen Sie, Ihre Einstufung jeder Antwortalternative zu begründen. Halten Sie die Begründung stichpunktartig fest!

– Lesen Sie nun die Erläuterungen zu jeder Antwortalternative durch, vergleichen Sie diese mit Ihren eigenen Begründungen und suchen Sie nach einer Lösung.

■ Bedeutungen

Erläuterung zu a):
Sicher wird in jedem guten Unternehmen Rücksicht auf Neulinge genommen, um ihnen die Einarbeitung zu erleichtern. Bei den Originalbelegen handelt es sich aber um einen Vorgang, der schon mit der Bewerbung zusammenhing und nicht auf Unkenntnis über die firmenspezifischen Ablaufprozesse zurückzuführen ist. Auch das verlegte Dokument hat im Prinzip nichts mit Anfangsschwierigkeiten zu tun. Es muss eine andere Deutung geben.

Erläuterung zu b):
Es ist sehr unwahrscheinlich, dass die Firma sich, ohne Jochen Meyer vorher einzuschalten, nach der Richtigkeit der Zeugnisse und Belege oder der angetretenen Dienstreise erkundigt. Dies würde einen erheblichen Mehraufwand an Recherchearbeit bedeuten, den unter normalen Umständen kein Unternehmen bereit ist durchzuführen – zumal die Vorlage der Nachweise ausschließlich in der Verantwortung des Mitarbeiters liegt. So ist jedenfalls das Verhalten der Sekretärin Aaltje van Kampen nicht zu erklären.

Erläuterung zu c):
In den meisten Unternehmen, nicht nur speziell in niederländischen, wird heutzutage mit einem hohen Grad an Effizienz gearbeitet. Dies geht naturgemäß mit einer stärkeren Belastung der Mitarbeiter einher. Die damit verbundenen Erwartungen an die Leistungen des Einzelnen erklären aber noch nicht das Verhalten der Personalabteilung und der Sekretärin, schließlich stellen die verlangten Originalzeugnisse und Belege wichtige Dokumente dar. Wenn man einfach auf sie hätte verzichten können, gäbe es keine Vorlagepflicht.

Erläuterung zu d):
Niederländer sind nicht so regelgläubig wie Deutsche. Sie haben entschieden weniger Angst vor Autorität und behalten es sich vor, in bestimmten Situationen ihre eigenen Entscheidungen zu treffen. Aaltje van Kampen vertraut Jochen Meyer und möchte ihm deshalb einen Gefallen tun. Es handelt sich somit um eine sehr zutreffende Deutung.

■ Lösungsstrategie

Jochen Meyer sollte das Verhalten von Aaltje van Kampen einfach als Wertschätzung seiner Person interpretieren und sich an anderer Stelle mit einem Gefallen revanchieren. Regeln und Anweisungen haben in den Niederlanden grundsätzlich einen viel geringeren Stellenwert als in Deutschland und daher setzt man sich auch leichter darüber hinweg. Im Vergleich zum *Pragmatismus* spielt beim Kulturstandard *Informalität* aus deutscher Sicht die geringere Angst der Niederländer vor Kontrollverlust eine entscheidende Rolle. Niederländer können auch gut mit kleinen Unregelmäßigkeiten leben. Sie sind der Überzeugung, dass sie sich dadurch eine Menge Verwaltungsaufwand sparen und so insgesamt gesehen besser wegkommen.

Deutsche gehen davon aus, dass Regeln nicht ohne Grund bestehen, und daher hat der Einzelne auch nicht das Recht, diese einfach zu umgehen. Schriftliche Nachweise haben bei uns generell einen größeren Stellenwert als in den Niederlanden. Dies gilt auch für die Arbeitswelt. Niederländer neigen zu dünneren Bewerbungsunterlagen, das heißt, Zeugnisse und Leistungsnachweise werden zunächst nicht mitgeschickt und auch später nicht immer angefordert. Eine Krankmeldung am Arbeitsplatz erfolgt nur mündlich, ein schriftliches ärztliches Attest wie in Deutschland ist in der Regel nicht erforderlich. Speziell befugte Ärzte können im Zweifelsfall zu einem Kranken nach Hause geschickt werden. Niederländer sehen die Risiken, die sich aufgrund mangelnder Schriftstücke ergeben, als geringer an, als Deutsche dies tun.

Die *Informalität* äußert sich auch im Umgang mit Recht und Gesetz, etwa mit Verboten. So kommt es vor, dass niederländische

Polizisten wegschauen, wenn sie einen Regelverstoß bemerken. In diesem Zusammenhang spielt das »gedogen« (dulden) eine wichtige Rolle. Das heißt, dass etwas trotz eines offiziellen Verbots mehr oder weniger ausnahmsweise hingenommen wird. Eine Politik (»beleid«), bei der solche Ausnahmen zulässig sind, heißt in den Niederlanden »gedoogbeleid«. Diese wird etwa praktiziert, wenn die Ansicht besteht, dass das Absehen von der starren Durchsetzung des Gesetzes zu einem für schwächere Parteien gerechteren Ergebnis führt. Dies kommt insbesondere in der Praxis der Strafverfolgungsbehörden zum Ausdruck: So folgt die niederländische Staatsanwaltschaft im Unterschied zur deutschen eher dem Opportunitäts- als dem Legalitätsprinzip. Sie kann also grundsätzlich selbst entscheiden, ob es im Einzelfall geboten ist, einen strafrechtlichen Verbotssatz durch Verfolgung durchzusetzen. Einer zweifelhaften Beliebtheit erfreut sich das niederländische »gedoogbeleid« etwa bei der Duldung von Verkauf und Konsum »weicher« Drogen wie Haschisch oder Marihuana für den Eigenbedarf. Auch im Zivilrecht verfolgt das niederländische Recht eher einen pragmatischen Ansatz: Bei Gerichten wird häufiger als in Deutschland nach dem *Grundsatz von Treu und Glauben* vorgegangen, um unverhältnismäßig aufwändige Entscheidungsverfahren zu vermeiden.

Als deutscher Mitarbeiter in einem niederländischen Unternehmen sollten Sie sich jedoch bewusst machen, dass an Ihnen womöglich gerade besonders geschätzt wird, dass sie zuverlässig, ordentlich und genau sind. Das ist ihre besondere Kompetenz! Man sollte als Deutscher also auf keinen Fall versuchen, noch »lockerer« zu sein als die Niederländer.

◼ Beispiel 18: Schwarzer Anzug

◼ Situation

Der Deutsche Herbert Abel leitet als Direktor seit einigen Jahren eine große Kulturorganisation in den Niederlanden. Am Ende des Universitätsjahres wird er zusammen mit anderen hochrangigen Persönlichkeiten zur Verleihung der Ehrendoktorwürde in eine juristische Fakultät eingeladen. Viele der Anwesenden sind sehr informell gekleidet und tragen keine Krawatte, einige kommen sogar in Jeans und Poloshirt. Herbert Abel ist hingegen im dunklen Anzug erschienen. Aus Deutschland ist er es gewohnt, dass zu solchen offiziellen Verleihungen eine formellere Kleidung angebracht ist, insbesondere unter Juristen.

Wie lässt sich das Verhalten der Niederländer erklären?

– Lesen Sie nun die Antwortalternativen nacheinander durch.
– Bestimmen Sie den Erklärungswert jeder Antwortalternative für die gegebene Situation und kreuzen Sie ihn auf der darunter befindlichen Skala an. Es ist möglich, dass mehrere Antwortalternativen den gleichen Erklärungswert besitzen.

■ Deutungen

a) In den Niederlanden ist festliche Kleidung so teuer, dass Universitätsangehörige sie sich nicht leisten können.

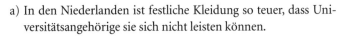

| sehr | eher | eher nicht | nicht |
| zutreffend | zutreffend | zutreffend | zutreffend |

b) Der niederländische Kleidungsstil im Arbeitsleben ist flotter als der deutsche. Vor allem Akademiker und Freiberufler haben oft eine Aversion gegen formelle Kleidervorschriften.

| sehr | eher | eher nicht | nicht |
| zutreffend | zutreffend | zutreffend | zutreffend |

c) Die religiösen Regeln des Calvinismus, dem viele Niederländer angehören, verbieten eine zu förmliche Kleidung.

| sehr | eher | eher nicht | nicht |
| zutreffend | zutreffend | zutreffend | zutreffend |

d) Was Herbert Abel hier als festlichen Anlass betrachtet, zu dem eine entsprechende Kleidung erforderlich ist, wird von seinen niederländischen Kollegen als etwas ganz Alltägliches angesehen. Daher reicht die normale Alltagskleidung hier vollkommen aus.

sehr	eher	eher nicht	nicht
zutreffend	zutreffend	zutreffend	zutreffend

– Versuchen Sie, Ihre Einstufung jeder Antwortalternative zu begründen. Halten Sie die Begründung stichpunktartig fest!

– Lesen Sie nun die Erläuterungen zu jeder Antwortalternative durch, vergleichen Sie diese mit Ihren eigenen Begründungen und suchen Sie nach einer Lösung.

■ Bedeutungen

Erläuterung zu a):
Der Lebensstandard in den Niederlanden ist mindestens so hoch wie in Deutschland. Wenn die Niederländer keine festliche Kleidung kaufen könnten, weil sie zu teuer ist, könnten sie zudem problemlos über die Grenze fahren und sich in Deutschland, Belgien oder anderen Ländern mit festlicher Kleidung eindecken. Mangelnde Finanzkraft, sich festliche Kleidung zu kaufen, kann diese Situation wohl nicht erklären.

Erläuterung zu b):
Diese Deutung ist sehr zutreffend. In den Niederlanden sieht man insgesamt seltener formelle Kleidung – und wenn, dann wird sie meistens durch legere Accessoires etwas »entformalisiert«. Selbst bei Begräbnissen sind Niederländer eher selten ganz in schwarz gekleidet.

Erläuterung zu c):
Es ist richtig, dass in der calvinistischen Tradition Zurückhaltung auch in Bezug auf die Kleidung bei festlichen Anlässen Tradition hat. Dennoch ist nicht anzunehmen, dass diese religiösen Regeln in der modernen niederländischen Gesellschaft noch derartig extensiv gepflegt werden, dass Institutskollegen zu einem solch festlichen Ereignis wie der Verleihung der Ehrendoktorwürde in normaler Alltagskleidung erscheinen. Zudem bestehen auch im Calvinismus bestimmte Förmlichkeiten, selbst wenn die Kleidung

135

nicht aufwändig ist. Diese Deutung ist somit sehr unwahrscheinlich.

Erläuterung zu d):
Auch innerhalb des eigenkulturellen Kontextes entsteht manchmal Unsicherheit, welche Kleidung zu welchem Ereignis angemessen ist. Um diese Unsicherheit zu vermeiden, enthalten offizielle Einladungen oft konkrete Hinweise, welche Kleidung angemessen ist. Unter interkulturellen Bedingungen ist es sicher noch schwieriger, ein Gespür für die dem anstehenden Ereignis angemessene Kleidung zu entwickeln. In der im vorliegenden Beispiel geschilderten Situation ist aber zumindest aus deutscher Sicht klar, dass bei der Verleihung einer Ehrendoktorwürde normale Alltagskleidung nicht angemessen ist, da an allen Universitäten zumindest in Europa ein solches Ereignis besonders feierlich begangen wird. Es muss eine andere Deutung für das Verhalten der niederländischen Kollegen geben.

■ Lösungsstrategie

Für Niederländer sind Informalität und Seriosität kein Gegensatz! Sie präsentieren sich gern als unabhängige Individualisten und demonstrieren dies auch durch ihre Kleidung. Gerade die jüngere Generation im Westen des Landes neigt dazu. Soll heißen: Man ist liberal und lässt sich nicht so schnell etwas vorschreiben. Etwa seit der 1968er-Bewegung zeigt sich eine antibürgerliche Haltung oft in alternativer Kleidung. Hier wird ein starker Bezug des Kulturstandards *Informalität* zur *flachen Hierarchie* deutlich. Machen Sie sich bewusst, dass sich der Status einer Person bei Niederländern nicht unbedingt in der Kleidung widerspiegelt. Da kann man sich schnell vertun.

Legendär ist in diesem Zusammenhang der Auftritt von Prinz Claus im Jahre 1998, der sich, im Beisein seiner Gattin, Königin Beatrix, während der Preisverleihung des Prins-Claus-Fonds demonstrativ seiner Krawatte entledigte und sie ins Publikum warf – ein Statement, das viele Niederländer bis heute als Befreiung der Männer von einer allzu strengen Kleiderordnung verstehen.

Es fiel richtiggehend auf, dass danach selbst im Parlament eine Reihe von Politikern keine Krawatte mehr trug. Hintergrund dieser öffentlichen Demonstration war, dass der Prins-Claus-Fonds als Stiftung das Ziel verfolgt, interkulturelles Verständnis zu fördern – und der Prinz als Namensgeber der Stiftung hier seine Hochachtung für die afrikanische Kleiderkultur zeigen wollte (die keine Krawatte kennt).

Nun ist es jedoch auch in den Niederlanden nicht unüblich, anlässlich einer Promotion oder der Verleihung einer Ehrendoktorwürde einen dunklen Anzug und eine Krawatte zu tragen. Aber es ist eben auch in Ordnung, dies nicht zu tun. Gerade die Zeremonie einer Promotion läuft in den Niederlanden ausgesprochen traditionell und förmlich ab: Die Professoren tragen Talare, der Ablauf ist streng geregelt, sogar lateinische Formeln werden gemurmelt. Da ist eine nicht ganz so festliche Kleidung ein probates Mittel, das Ganze weniger steif erscheinen zu lassen. Dass Niederländer bestimmte vorgegebene Förmlichkeiten nur ungern einhalten, heißt jedoch nicht, dass sie keinen Wert auf Kleidung legen. Amsterdam etwa ist durchaus eine modebewusste Stadt und die aktuelle Mode spiegelt sich im Straßenbild wider. Wenn Sie sich in Bezug auf die Kleiderordnung nicht ganz sicher sind, halten Sie am besten kurz Rücksprache mit den Kollegen, denn allgemeine Regeln gibt es nicht.

Nicht nur was die Kleidung betrifft, laufen offizielle Anlässe oder Geschäftsessen meist sehr informell ab. Es wird versucht, eine lockere Atmosphäre zu schaffen, etwa indem man lustige Episoden und Witze erzählt. Viele Deutsche sind es hingegen gewohnt, sich bei wichtigen geschäftlichen Terminen an einen zwar freundlichen, aber doch recht formellen Ablauf zu halten – so scheint die Zusammenarbeit oder die konkrete Verhandlung besser kontrollierbar und einschätzbar zu sein. Niederländer sind jedoch der Auffassung, dass auch in einer gelockerten Atmosphäre gut über Geschäfte gesprochen werden kann. Dies wirkt auf Deutsche erfahrungsgemäß schnell unseriös und lässt sie misstrauisch werden. In Deutschland gehört es zum guten Ton, verhandlungsfähig und ernst zu bleiben und erst dann offen zu reden, wenn man sich etwas besser kennt. Wie bereits im Abschnitt »Beziehungsorientierung« erläutert, wird in den Niederlanden nicht so stark zwischen Geschäftlichem und Privatem getrennt. In Deutschland hat man in der Regel eine geschäftliche und eine private Meinung, in den Niederlanden typischerweise nur einen Standpunkt.

◼ Kulturhistorische Verankerung von »Informalität«

Für die kulturhistorische Verankerung der hier beschriebenen Informalität sei zunächst auf weit reichende Überschneidungen mit den bereits abgehandelten Kulturstandards verwiesen. Gerade Pragmatismus, flache Hierarchien und die Beziehungsorientierung fördern ein Verhalten, das den einzelnen Menschen wichtiger nimmt als seine Funktion und ihn nachgerade ermutigt, sich von Regeln und Vorschriften zu lösen.

Zudem ist auch ein Blick auf das deutsche Orientierungssystem und die deutsche Entwicklung sinnvoll. Psychologische Vergleichsstudien haben ergeben, dass Deutsche aus der Sicht vieler anderer Nationen geradezu als *regelverliebt* eingestuft werden. Die Deutschen selbst haben dazu ein ambivalentes Verhältnis, denn einerseits leiden sie unter der damit verbundenen Inflexibilität, andererseits glauben sie aber auch an den Nutzen von klaren Regeln. Das heißt, hier sind eher wir Deutschen diejenigen, die sich im internationalen Vergleich von den anderen unterscheiden.

Aufschlussreich ist in diesem Zusammenhang die kulturhistorische Verankerung der stärkeren Regelorientierung in Deutschland. Seit dem 19. Jahrhundert prägte der sehr sachbezogene Bürokratismus Preußens das Leben auch der übrigen deutschen Regionen. Korrekte Verwaltung und perfekte Organisation waren Werte, die im Zuge der Industrialisierung und vieler neu entstehender Betriebe schnell an Bedeutung gewannen. In der Produktion großer Maschinen musste schließlich alles wie vorgesehen funktionieren, Abweichungen hatten oft hohe Kosten zur Folge. Parallel dazu schuf der preußische Staatsapparat durch zahlreiche Vorgaben und die dazugehörigen schriftlichen Dokumente eine gut organisierte Bürokratie, die Macht und Einfluss demonstrierte – und auch langfristig sichern sollte.

In den Niederlanden hingegen sieht man Vorschriften und übergeordnete Kontrollinstanzen traditionell eher skeptisch. Der Einzelne wird immer versuchen, seine Unabhängigkeit zu wahren und dies auch nach außen kundzutun. Neben einem flexiblen Umgang mit Recht und Gesetz oder einem lässigen Kleidungsstil sind auch Witz und Ironie probate Mittel, um diese Haltung zu demonstrieren. Wenn ein Mitarbeiter die Bedeutung seines Unternehmens durch eine witzige Bemerkung relativiert, heißt dies jedoch nicht, dass er seinen Job nicht ernst nimmt. In den Niederlanden gehört es vielmehr zum guten Ton, das ironische Understatement zu pflegen. Selbst die Königin hat ihre jährliche Thronrede schon einmal mit einem Witz begonnen. Dies allerdings kann als eher untypisch bezeichnet werden, denn gerade das Königshaus pflegt in der Regel ein strenges Zeremoniell. Noch im Januar 2008 wurde anlässlich des siebzigsten Geburtstags von Königin Beatrix wieder einmal deutlich, dass die Königin von vielen als steif und unnahbar wahrgenommen wird. Allerdings wäre es den meisten wohl auch nicht recht, wenn die Königin auf einmal schüchtern oder gar kumpelhaft daherkäme. Auch als Königin kann man es eben nicht allen recht machen.

PLANNERER

■ Themenbereich 7:
Calvinistische Bescheidenheit

■ Beispiel 19: Geburtstag

■ Situation

Renate Walka zieht von Berlin nach Amsterdam, um ihren niederländischen Freund zu heiraten. Sie wohnen in einem ruhigen
Vorort, als Germanistin findet sie bald eine Anstellung in einer
Stiftung. Als Renate Walka ihren Geburtstag feiert, lädt sie mehrere Freunde ein, darunter zwei Paare aus der Nachbarschaft.
Tagelang macht sie sich Gedanken über das Essen. Sie ist froh,
als sie sich endlich für ein Menü mit Vor-, Haupt- und Nach-
speise entschieden hat. Sie besorgt eine besondere Tischdekoration, damit alles schön festlich wirkt und die Gäste sich willkommen fühlen. Freunde wie Nachbarn zeigen sich denn auch
überschwänglich begeistert und loben das Essen über alle Ma-
ßen. So viel Enthusiasmus hätte Renate Walka gar nicht erwartet. Kurz darauf ist sie selbst zum Geburtstag eingeladen, bei der
sympathischen Nachbarin Theodora de Rooy. Kaffee und Kuchen gibt es um 11 Uhr morgens, für jeden Gast wurde dabei
ziemlich genau abgezählt ein Stück Kuchen gekauft. Über den
Tag verteilt gibt es Getränke, dazu werden Chips angeboten. Um
18 Uhr macht die Gastgeberin einige belegte Brote. Dazu wärmt
sie eine Suppe auf, die offenbar ebenfalls gekauft ist. Die Stimmung ist gut und alle scheinen sich wohl zu fühlen. Aber die
Vorbereitungen von Theodora de Rooy findet Renate Walka
mehr als lieblos. Allerdings beneidet sie ihre Nachbarin auch ein
wenig, weil sie sich so wenig Stress gemacht hat. Als Renate Walka ihren Freundinnen in Deutschland von der Einladung er-

zählt, finden auch diese das Verhalten der niederländischen Gastgeberin sehr sonderbar.

Wie lässt sich das Verhalten von Theodora de Rooy erklären?

– Lesen Sie nun die Antwortalternativen nacheinander durch.

– Bestimmen Sie den Erklärungswert jeder Antwortalternative für die gegebene Situation und kreuzen Sie ihn auf der darunter befindlichen Skala an. Es ist möglich, dass mehrere Antwortalternativen den gleichen Erklärungswert besitzen.

■ Deutungen

a) Es wundert nicht, dass die deutschen Freundinnen Renate Walka zustimmen. Theodora de Rooy ist offensichtlich ein wenig faul. Sonst hätte sie sich mehr Mühe gegeben und mehr für den Geburtstag vorbereitet.

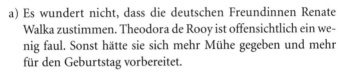

| sehr zutreffend | eher zutreffend | eher nicht zutreffend | nicht zutreffend |

b) Wie die meisten Frauen in den Niederlanden, so ist auch Theodora de Rooy berufstätig. Die Vorbereitungen sind ihr über den Kopf gewachsen. Aber weil sie sich nicht traute, die Einladung abzusagen, hat sie noch schnell etwas im Supermarkt besorgt.

| sehr zutreffend | eher zutreffend | eher nicht zutreffend | nicht zutreffend |

c) Theodora de Rooy zeigt Renate Walka durch das gekaufte Essen, dass sie ihr nicht besonders wichtig ist. Ansonsten hätte sie etwas Aufwändigeres gekocht.

| sehr zutreffend | eher zutreffend | eher nicht zutreffend | nicht zutreffend |

d) Für Theodora de Rooy steht bei Einladungen das Essen weniger im Mittelpunkt als das gesellige Beisammensein im privaten Bereich. Als Gastgeberin will sie eher bescheiden auftreten und nicht durch ein opulentes Essen auftrumpfen.

sehr
zutreffend

eher
zutreffend

eher nicht
zutreffend

nicht
zutreffend

– Versuchen Sie, Ihre Einstufung jeder Antwortalternative zu begründen. Halten Sie die Begründung stichpunktartig fest!
– Lesen Sie nun die Erläuterungen zu jeder Antwortalternative durch, vergleichen Sie diese mit Ihren eigenen Begründungen und suchen Sie nach einer Lösung.

■ Bedeutungen

Erläuterung zu a):
Sicher gibt es auch in den Niederlanden individuelle Unterschiede, wie viel Zeit man in die Vorbereitung einer Feier steckt. Allerdings scheint Renate Walka die Einzige unter den Gästen zu sein, die sich gewundert hat. Für diese Erklärung gibt es somit keine Anhaltspunkte, sie ist eher unwahrscheinlich.

Erläuterung zu b):
Es stimmt, dass Frauen in den Niederlanden normalerweise berufstätig sind. Auch Mütter steigen oft nach kurzer Zeit wieder ins Berufsleben ein. Allerdings sind die Niederländer in der Kommunikation meist ehrlich und direkt. Theodora de Rooy hätte sicher gesagt, wenn sie keine Zeit für Vorbereitungen gehabt hätte. Diese Deutung ist eher nicht zutreffend.

Erläuterung zu c):
Renate Walka war nicht die Einzige, die zum Geburtstag eingeladen war. Es war die offizielle Geburtstagsfeier von Theodora de Rooy, zu der sie auch ihre engen Freunde eingeladen hat. Dass ihr an der Gesamtheit ihrer Freunde und Nachbarn nichts liegt, geht aus der Darstellung nicht hervor. Die Antwort ist somit nicht zutreffend.

Erläuterung zu d):
Die Gastfreundschaft ist die Einladung an sich und diese wird von Niederländern typischerweise nicht unbedingt mit ausgiebi-

143

gem Essen verbunden. Die von Theodora de Rooy ausgehende Herzlichkeit äußert sich nicht in kulinarischer Opulenz, sondern in der Einladung in ihre Wohnung – zu einem Zusammensein ohne Zwang und Protokoll. Die Gastgeberin hat schließlich Geburtstag und will nicht zuviel Arbeit haben. Außerdem würden die übrigen Gäste es eher als prahlerisch empfinden, wenn Theodora de Rooy viel Geld und Zeit in ein aufwändiges Essen investierte. Es handelt sich somit um die zutreffende Deutung.

■ Lösungsstrategie

Es empfiehlt sich, dem anderen Einladungsstil offen gegenüber zu stehen und mit Interpretationen aus dem eigenen Kontext, wie »lieblose Vorbereitungen«, zurückhaltend zu sein. Stattdessen kann man die positiven Aspekte wie »weniger Stress« in den Vordergrund stellen. Durch die unkomplizierte Art der Einladung ist mehr Kommunikation zwischen den Gästen möglich. Theodora de Rooy muss nicht ständig hin- und herflitzen, um ihrer Rolle als *perfekte Gastgeberin* gerecht zu werden. Sie weiß den großzügigen Empfang bei Renate Walka zweifellos zu schätzen, fühlt sich aber nicht veranlasst, etwas Vergleichbares auf ihrem Geburtstag auch zu tun. In der Regel steht in den Niederlanden bei Einladungen, Feiern und Geburtstagen das gesellige Beisammensein im Mittelpunkt. Tendenziell wird viel weniger als in Deutschland auf Details wie zum Beispiel die Tischdekoration geachtet. Es spricht nicht gegen die Hausfrauenehre, Kuchen und warme Gerichte fertig zu kaufen, statt selbst zu backen und zu kochen. Dabei wird auch die Menge pro Person nicht zu üppig berechnet, da zu große Mengen als Verschwendung und damit als unpassend angesehen werden. Deutsche möchten dagegen immer gern sicher sein, dass alle Gäste auf jeden Fall satt geworden sind. Dies führt dann oft dazu, dass bei Feiern sehr viel übrig bleibt.

Im Hintergrund dieser niederländischen Zurückhaltung steht der Calvinismus, der die Gesellschaft seit dem 16. Jahrhundert entscheidend geprägt hat. Die Wirkungen sind bis zur heutigen Zeit spürbar, wenn auch nicht mehr mit direktem Bezug zur Religion. Im Sinne der calvinistischen Lehre durfte die *unbedingte*

Heiligkeit Gottes nicht in Frage gestellt werden. Der Kult der katholischen Kirche mit Sakramenten und Reliquien galt aus der Perspektive der Calvinisten als Versuch, die Souveränität Gottes einzuschränken. Jedes Verhalten, das nicht der Norm der Gemeinschaft entsprach, erweckte den Verdacht der *Kreaturverherrlichung*, auf die der von Calvin beschriebene Gott besonders empfindlich reagiert. Die calvinistische Religion verlangt Bescheidenheit, Eitelkeit ist tabu. Die Bürger versuchen daher, nicht zu stark aufzufallen – weder positiv noch negativ.

Wer sich in den Niederlanden zu sehr von anderen abhebt, erntet bis heute Misstrauen und macht sich lächerlich. »Doe maar gewoon, dan doe je al gek genoeg«. (»Sei einfach normal, dann bist du schon verrückt genug«.) Diesen Satz kennt jeder Niederländer! Und auch Deutsche sollten ihn kennen, um die niederländische Kultur richtig einschätzen zu können. In die gleiche Richtung gehen Aussprüche wie »Hoge bomen vangen veel wind« (»Hohe Bäume fangen viel Wind«) oder »Wie zijn hoofd boven het maaiveld uitsteekt, raakt het kwijt« (»Wer seinen Kopf oben aus dem Feld/über die Mählinie steckt, wird ihn los«). Diese Zurückhaltung hat sich insbesondere auf die niederländische Esskultur ausgewirkt, die bis heute als eher bescheiden und nüchtern gilt, vor allem im Norden des Landes.

Aber mit der Zeit verändern sich auch hier die Gewohnheiten und der gut verdienende Mittelstand lässt sein Geld durchaus gern in teuren Restaurants. Aber es ist hilfreich, wenn man weiß, dass dies eine neuere Entwicklung ist und viele Niederländer im Geiste der Bescheidenheit aufgewachsen sind.

■ Beispiel 20: Das Haus am Wasser

■ Situation

Peter Brückner arbeitet als Fachreferent in einem niederländischen Ministerium. Sein Kollege, Cornelis van Os, kauft sich ein großes Haus, das direkt am Wasser gelegen ist. Anlässlich eines Festes lädt er seine Kollegen zur Hausbesichtigung ein. Peter Brückner ist ganz begeistert von dem luxuriösen Neubau, der hell und großzügig geschnitten ist. Der Kollege Marinus Verhoeven hingegen fragt Cornelis van Os, wie er sich das Haus überhaupt leisten könne. Durch die hohe Hypothek sei er ja nun ein wenig unflexibel und berufliche Veränderungen seien auch schwierig. Peter Brückner wundert sich, denn er selbst würde sich nicht trauen, dem Kollegen so etwas zu sagen.

Wie erklären Sie sich die Situation?

– Lesen Sie nun die Antwortalternativen nacheinander durch.
– Bestimmen Sie den Erklärungswert jeder Antwortalternative für die gegebene Situation und kreuzen Sie ihn auf der darunter befindlichen Skala an. Es ist möglich, dass mehrere Antwortalternativen den gleichen Erklärungswert besitzen.

■ Deutungen

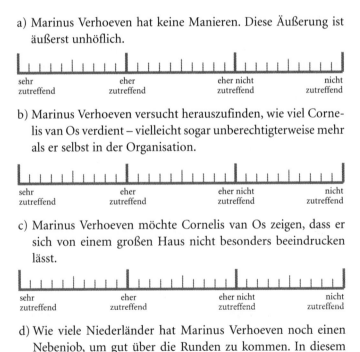

a) Marinus Verhoeven hat keine Manieren. Diese Äußerung ist äußerst unhöflich.

| sehr zutreffend | eher zutreffend | eher nicht zutreffend | nicht zutreffend |

b) Marinus Verhoeven versucht herauszufinden, wie viel Cornelis van Os verdient – vielleicht sogar unberechtigterweise mehr als er selbst in der Organisation.

| sehr zutreffend | eher zutreffend | eher nicht zutreffend | nicht zutreffend |

c) Marinus Verhoeven möchte Cornelis van Os zeigen, dass er sich von einem großen Haus nicht besonders beeindrucken lässt.

| sehr zutreffend | eher zutreffend | eher nicht zutreffend | nicht zutreffend |

d) Wie viele Niederländer hat Marinus Verhoeven noch einen Nebenjob, um gut über die Runden zu kommen. In diesem Nebenjob bietet er Kleinkredite an und denkt als Geschäftsmann auch bei privaten Treffen pragmatisch. Er sieht in Cornelis van Os einen potenziellen Kunden.

| sehr | eher | eher nicht | nicht |
| zutreffend | zutreffend | zutreffend | zutreffend |

- Versuchen Sie, Ihre Einstufung jeder Antwortalternative zu begründen. Halten Sie die Begründung stichpunktartig fest!
- Lesen Sie nun die Erläuterungen zu jeder Antwortalternative durch, vergleichen Sie diese mit Ihren eigenen Begründungen und suchen Sie nach einer Lösung.

■ Bedeutungen

Erläuterung zu a):
Aus deutscher Sicht mag Marinus Verhoeven frech wirken. Allerdings gibt die Situation keine Anhaltspunkte, dass auch die anderen Gäste oder Cornelis van Os selbst dies so auffassen. Die Deutung ist eher unwahrscheinlich. Seine Äußerung muss andere Gründe haben.

Erläuterung zu b):
In Arbeitsbetrieben ist die Konkurrenz zwischen einzelnen Kollegen zweifellos ein allgemeines Phänomen. Allerdings spricht Marinus Verhoeven eher die allgemeine finanzielle Lage von Cornelis van Os an und erwähnt sogar eine mögliche berufliche Veränderung. Diese Deutung ist somit eher unwahrscheinlich.

Erläuterung zu c):
Besitztümer gelten in den Niederlanden in der Regel nicht als Statussymbole. Auch große Autos, auffallend teure Kleidung oder Schmuck wirken schnell etwas protzig und neureich. In Deutschland ist dies anders: Es ist gang und gäbe, seinen Reichtum zu zeigen – wie ein samstäglicher Stadtbummel über die Kö in Düsseldorf, die Kaufinger Straße in München oder an der Innenalster in Hamburg belegen. Es handelt sich somit um eine sehr zutreffende Deutung.

Erläuterung zu d):

Das Lohnniveau in den Niederlanden liegt im oberen europäischen Durchschnitt. Wer eine feste Anstellung hat, braucht nicht unbedingt einen Nebenjob, um seinen Lebensunterhalt bestreiten zu können. Gerade im Ministerium sind die Gehälter sicher überdurchschnittlich. Diese Deutung ist sehr unwahrscheinlich.

■ Lösungsstrategie

Als Deutscher müssen Sie sich bewusst machen, dass die im Beispiel gestellte Frage in den Niederlanden zwar nicht unbedingt üblich ist, aber keineswegs als unmögliches und distanzloses Verhalten gilt. Niederländer reden gern allgemein über Geld, allerdings ohne spezifische Beträge zu nennen. Beantworten Sie solche Fragen nicht zu genau und ehrlich, sondern lassen Sie Raum für Spekulationen – so machen es die Niederländer selbst auch. Versuchen Sie einfach das Thema zu wechseln, sollten Sie sich bei solch einer Fragerei unwohl fühlen. Es handelt sich dabei meist nicht um pure Neugierde, sondern um einen Teil der calvinistisch geprägten niederländischen Kultur. Wenn alle gleich sein sollen, dann wirft ein großes und teures Haus natürlich Fragen auf. Für Niederländer ist es wichtig, mit Geld verantwortungsvoll umzugehen. Sie versuchen oft, mit Fragen den Gesprächspartner zu testen, wie gut er in die calvinistisch geprägte Gesellschaft passt. Aufschneider und Angeber werden schnell aussortiert.

Deutsche sollten sich daher beim ersten Kennenlernen besser an die Regel »Weniger ist mehr« halten. Sollten Sie den Eindruck haben, dass Ihr Gesprächspartner ein großes Haus hat, versuchen Sie ihn eher zu unterbieten. In den Niederlanden gibt es keine Eigenheimkultur, in der es üblich ist, mit jahrelang gespartem Geld ein imposantes Haus zu bauen. Ein Haus oder eine Wohnung in den Niederlanden kauft man auch nicht unbedingt für das ganze Leben, sondern der Besitz wird vielmehr an die jeweilige Lebenssituation angepasst. Seien Sie zu Beginn auch mit Statussymbolen zurückhaltend. Erzählen Sie nicht zu schnell von Ihrem Ferienhaus oder von Ihrem neuen großen Auto. Wenn Sie merken, dass Sie mit einem Autofan im Gespräch sind, können Sie immer noch entsprechend reagieren.

In den Niederlanden ist es durchaus nicht ungewöhnlich, Kollegen oder Nachbarn solche sehr intimen Fragen zu stellen. Die Umgangsformen sind für deutsche Verhältnisse vielleicht ein bisschen zu vertrauensvoll. Hier wird der Bezug zum Kulturstandard *Beziehungsorientierung* deutlich. Dadurch, dass das Verhältnis unter Kollegen dem unter Freunden gleicht, kann man auch diesen sehr direkte Fragen stellen. Marinus Verhoeven denkt sofort pragmatisch und ist vielleicht ein wenig neugierig, aber er hat keine bösen Hintergedanken.

■ Kulturhistorische Verankerung von »Calvinistische Bescheidenheit«

Der Calvinismus hat die niederländische Gesellschaft maßgeblich geprägt. Grundmotiv dieses Glaubens, der auf die Reformation und die Lehren Johannes Calvins zurückgeht, ist die unbedingte Heiligkeit Gottes. Jegliches Menschenwerk galt Calvin als Versuch, die göttliche Souveränität einzuschränken. Die Zurschaustellung der Macht einer Einzelperson ist somit anmaßend und stellt eine Beleidigung Gottes dar, der als einziger legitimer Herr gilt. Gott wird in den Niederlanden auch heute noch von den Gläubigen gesiezt – ihn zu duzen, stünde keinem Menschen zu.

Die große Bedeutung des Calvinismus für die niederländische Identität liegt auch darin begründet, dass der Glaube im 16. Jahrhundert eines der Abgrenzungsmerkmale im Kampf gegen die spanischen Besatzer darstellte. Dem absolutistischen, katholischen Spanien wurde der niederländische Protestantismus entgegengesetzt. Der niederländische Aufstand hatte calvinistische Anführer, auch der Oranier Wilhelm I. konvertierte zu diesem Glauben. Seither ist der Calvinismus untrennbar mit der niederländischen liberalen Identität verbunden, das Königshaus gehört bis heute dieser Kirche an. Den Katholiken und anderen Glaubensanhängern war zwar auch im 17. und 18. Jahrhundert erlaubt, ihren Glauben auszuüben, aber sie mussten dies heimlich tun. Sie wurden sozusagen »gedoogd«, geduldet. Aus dieser Zeit sind noch einige in Wohnhäusern »versteckte« Kirchen erhalten, die so genannten »schuilkerken«. Zu beachten ist allerdings, dass der Süden der Niederlande, das heißt die Provinzen Zeeland, Brabant und Limburg, katholisch geprägt sind. Seit der Reformation gibt es eine *Konfessionsgrenze* zwischen Nord und Süd. Auch wenn nach 1950 eine steigende Anzahl von Menschen aus den Kirchen ausgetreten sind und die Zahl der Konfessionslosen in der Bevölkerung auf über 50 % geschätzt wird, so beeinflussen die mit dieser Lehre verbundenen Werte doch bis heute die niederländische Gesellschaft.

Häufig wird diesem Zusammenhang der Ausspruch von Königin Juliana anlässlich ihrer Amtseinführung im Jahre 1948 zitiert, als sie fragte: »Wer bin ich, dass ich dies tun darf?« Dies zeigt deutlich, dass die Bescheidenheit niemals leiden darf – selbst wenn es um das höchste Amt geht. Mächtiger zu sein als andere, wird generell eher versteckt als betont, jegliche Art der Heldenverehrung oder des Aufschauens zu einer mächtigen Person wirkt in den Niederlanden schnell lächerlich. Understatement gilt als vornehm, am besten gewürzt mit einem Schuss Selbstironie. Wer versucht, sich selbst ins rechte Licht zu setzen, wird schnell erfahren, das darauf niemand so recht reagiert.

Die Wirkung des Kulturstandards »Calvinistische Bescheidenheit« zeigt sich nicht nur im Umgang mit Macht und Besitz. Auch akademische Titel oder andere Auszeichnungen trägt man nicht vor sich her, Titel werden daher selten öffentlich benutzt. Sie sind zwar auf der Visitenkarte stets vermerkt (das dann allerdings schon im Falle von Bachelor- und Masterabschlüssen), aber sie werden nicht in der direkten Anrede gebraucht. Wenn Deutsche in den Niederlanden einen Vortrag halten, kann es passieren, dass selbst ein Professorentitel im Begleitprogramm weggelassen wird, was fälschlicherweise oft als Respektlosigkeit ausgelegt wird.

Von Zurückhaltung geprägt ist auch die Sprache, die in öffentlichen Reden und Vorträgen verwendet wird. Selbst in akademischen Reden wird nach Möglichkeit Alltagssprache verwendet. Auch umgangssprachliche Ausdrücke sind keine Seltenheit, denn

Fachausdrücke werden schnell als gekünstelt oder überheblich empfunden. Dem entspricht der calvinistische Spruch »Spreek je moerstaal« (»Sprich die Sprache deiner Mutter, das heißt normal und ungekünstelt«). Auch niederländische Ärzte demonstrieren gegenüber den Patienten ihren Status viel weniger deutlich, als dies in Deutschland der Fall ist. Niederländische Praxen haben oft eine sehr wohnliche Atmosphäre, weiße Kittel gibt es normalerweise nicht und Distanz wird möglichst vermieden.

Bezüglich dieses Kulturstandards sind jedoch auf allen Ebenen Veränderungstendenzen zu erkennen. Junge erfolgreiche Niederländer pflegen inzwischen häufiger einen luxuriösen und teils sogar protzigen Lebensstil, fahren teure Autos und kleiden sich exquisit. Aber dies wird dann aus den genannten Gründen auch häufig kritisiert.

◼ Kurze Zusammenfassung der Kulturstandards

◼ Flache Hierarchie

- Alle Mitglieder eines Teams zählen gleich viel, sie unterscheiden sich nur durch ihre Aufgaben. Der Teamleiter gibt Kompetenzen ab und erwartet von seinen Mitarbeitern im Gegenzug ein hohes Maß an Eigeninitiative. Arbeitsaufträge werden über alle Hierarchiestufen hinweg als freundliche Bitte formuliert, ein zu forderndes Auftreten des Chefs wirkt kontraproduktiv.
- Die einzelnen Mitarbeiter haben ein weit reichendes Mandat. In der Regel entscheidet nicht der Chef allein, sondern der inhaltlich mit einer Sache befasste Mitarbeiter. Auch bei wichtigen Verhandlungen spricht nicht zwangsläufig der Teamleiter, sondern derjenige, der über die größte Sachkenntnis verfügt.
- Von Vorgesetzten wird vor allem erwartet, dass sie den Überblick bewahren, strategisch planen und sich für die Belange der Mitarbeiter einsetzen.

◼ Calimero – Asymmetrisches Nachbarschaftsverhältnis

- Sticheleien oder kritische Kommentare Deutschen gegenüber sind nicht unbedingt ein Zeichen tiefsitzender Ablehnung, sondern lassen sich eher auf das ungleiche Größenverhältnis und den daraus resultierenden Wunsch nach Abgrenzung zurückführen (vergleichbar: Spanien/Portugal, Schweden/Dänemark).

– Deutsche sollten das Unrecht und den Terror der deutschen Besatzung der Niederlande im Hinterkopf behalten. Das heißt, man sollte bewusst mit der Vergangenheit umgehen, sich jedoch nicht pauschal verurteilen lassen. Anstatt mit schuldgesenktem Haupt alles zu erdulden, kann man Witze und flapsige Sprüche ruhig erwidern, etwa, wenn es um Fußball geht.

■ Konsenskultur

– Es herrscht eine offene Arbeitsatmosphäre, alle bleiben ständig im Gespräch miteinander. Man informiert sich gegenseitig über den Fortgang von Projekten und holt die Meinung der anderen ein. Dies geschieht auf dem Gang oder in den häufig stattfindenden »Overleg«-Sitzungen (Besprechungen). Hier werden alle Beiträge ernst genommen und diskutiert, auch wenn sie von untergeordneten Kollegen oder Praktikanten geäußert werden.

– In der Diskussion geht man aufeinander zu, das Beharren auf der eigenen Position wirkt unversöhnlich und wird als nicht konstruktiv wahrgenommen. Alle Parteien müssen zu ergebnisoffenen Diskussionen bereit sein und nach einem Kompromiss suchen.

■ Beziehungsorientierung

– Der Mensch zählt mehr als seine Funktion und die zu erledigende Aufgabe, eine gute Atmosphäre ist ausgesprochen wichtig. Kollegen nehmen Anteil am Leben der anderen. Auch Krankheit oder andere Probleme können offen besprochen werden, man sucht dann gemeinsam nach einer Lösung.

– Freundlichkeit und persönliches Interesse gehören zum Job, sind jedoch nicht zu verwechseln mit Freundschaft. Auch in Verhandlungssituationen sollte eine angenehme Atmosphäre nicht darüber hinwegtäuschen, dass Position und Argumentation der Teilnehmer in erster Linie interessenbestimmt sind.

⬛ Pragmatismus

– Das gemeinsame Ziel steht im Vordergrund – wie es erreicht wird, ist zweitrangig. Flexibilität und ständige Rücksprache machen ein schnelles Reagieren möglich, dabei ist die Risikobereitschaft höher als in Deutschland.
– Aus Fehlern wird gelernt und man geht grundsätzlich davon aus, dass jeder sein Bestes gibt.

⬛ Informalität

– Regeln werden weniger streng gehandhabt als in Deutschland, der Dienstweg ist nicht das Dogma.
– Auf schriftliche Nachweise wird im Allgemeinen weniger Wert gelegt als in Deutschland.
– Auch bei offiziellen Anlässen gibt man sich gern lässig und pflegt das ironische Understatement, Witze lockern die Atmosphäre auf. Seriosität und Informalität sind durchaus kein Gegensatz.

⬛ Calvinistische Bescheidenheit

– Es wirkt schnell lächerlich, den eigenen Einfluss oder Status zu betonen, auch Wohlstand oder eine gute Ausbildung trägt man nicht vor sich her. Vornehmer und eleganter ist es, die eigene Macht zu relativieren und bescheiden aufzutreten.
– Zurückhaltung gilt auch beim Essen, es soll satt machen und darf typischerweise nicht zu teuer sein. Bei privaten Einladungen wirkt ein opulentes Mahl schnell aufschneiderisch.
– Offizielle Reden und Vorträge sind in einem leichten, witzigen Stil gehalten, alles muss verständlich sein und auf keinen Fall zu bildungslastig.

⬛ Zusammenhangsstruktur

Die folgende bildliche Darstellung der Zusammenhangsstruktur der sieben zentralen niederländischen Kulturstandards macht deutlich, dass in kritischen Interaktionssituationen meist mehrere Kulturstandards wirksam werden, zwischen denen sich inhaltliche und kulturhistorische Verbindungen herstellen lassen.

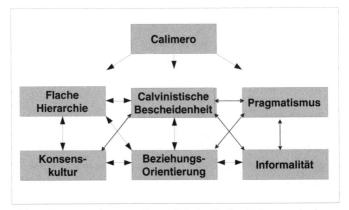

Abb. 1: Zusammenhangsstruktur niederländischer Kulturstandards aus der Sicht deutscher Fach- und Führungskräfte

◼ Aktuelle gesellschaftliche und politische Entwicklungen in den Niederlanden

Als im Mai 2002 der Politiker Pim Fortuyn ermordet wurde, rückten die Niederlande schlagartig ins Zentrum des europäischen Medieninteresses. Aufmerksam wurde verfolgt, dass die populistische Partei Fortuyns bei den Parlamentswahlen eine Woche später 17,1 % der Stimmen erhielt, während die großen Parteien geradezu erdrutschartige Verluste hinnehmen mussten. Nun war endgültig klar, dass das politische Leben die gewohnten Bahnen verlassen hatte und sich im Prozess einer fundamentalen Neuordnung befand. Was war passiert in diesem sonst so friedlichen Land, das zuvor wegen seiner Wirtschaftskraft, seiner niedrigen Arbeitslosigkeit und der gelungenen Integration von Migranten europaweit als Vorbild galt?

Nach acht Jahren der Koalition von Sozialdemokraten und Rechtsliberalen unter Ministerpräsident Wim Kok konnte Fortuyn enorme Erfolge verbuchen, indem er polarisierend die Missstände der konsensorientierten Politik Koks anprangerte: schlechte medizinische Versorgung und lange Wartelisten in Krankenhäusern, der drohende Verkehrskollaps, das marode Bildungssystem. Als größtes Versäumnis der Regierungspolitik bezeichnete Fortuyn jedoch die gescheiterte Integration vor allem muslimischer Migranten, die sich in Straßengangs organisiert und ganze Stadtviertel in No-go-Areas verwandelt hätten. Damit hatte er Probleme angesprochen, die zuvor im Rahmen des konsensorientierten politischen Diskurses eine Art Tabu dargestellt hatten. Obwohl große Teile der Bevölkerung latent unzufrieden mit den Zuständen waren, hatte dies keinen Eingang in die politische Diskussion gefunden. Nun hatte Fortuyn laut ausgesprochen, was viele dachten, aber bislang lediglich im privaten Umfeld diskutiert hatten.

Angesichts des politischen Aufruhrs mochte es eine Zeitlang so scheinen, als sei in den Niederlanden nun mit einem Mal alles anders als früher, als hätten sowohl die Politik als auch der öffentliche Diskurs eine ganz neue Richtung eingeschlagen. Ein näheres Hinsehen zeigt jedoch, dass die schwierige Lage zum Gutteil durch dieselben Werte verursacht worden war, die bereits seit Jahrhunderten das gesellschaftliche Miteinander geprägt hatten. Im Kern liegt der wahrgenommenen Krise das Wirksamwerden der »Kehrseite« dieser selben hergebrachten Werte zugrunde: Der Druck des politischen Konsens hatte zu einer Lähmung der Diskussion geführt, aus Freiheitsstreben war Rücksichtslosigkeit geworden, die viel gerühmte Toleranz manifestierte sich nunmehr als Gleichgültigkeit, die Politik der Duldung (»gedoogbeleid«) führte zu Kontrollverlust und das hohe Ansehen des Pragmatismus begünstigte konzeptionslose Politiker, wenn ihr Aktionismus ihnen nur den Anschein des engagierten Zupackens verlieh.

Die lähmende Wirkung des Konsenses trat besonders deutlich im Umgang mit der Integrationspolitik zutage: In den Niederlanden gehörte es vor dem Auftreten von Pim Fortuyn zum guten Ton, politisch korrekt zu diskutieren und nicht offen über Probleme zu reden, die mit Migranten zu tun hatten. Dies galt für die politischen Parteien, aber auch für die Medien und das Bildungsbürgertum. Negativ über Ausländer sprechen, war schlicht anstößig. Als der Publizist Paul Scheffer im Jahr 2000 in der liberalen Tageszeitung NRC-Handelsblad einen großen Artikel zum »multikulturellen Drama« publizierte, ging ein Aufschrei durch die Zeitungen. Die linksintellektuelle Elite, zu der Scheffer bis dahin zählte, bezeichnete ihn als Ketzer und distanzierte sich von Scheffers Perspektive. Dies zeigt, dass die multikulturelle Gesellschaft zu diesem Zeitpunkt noch als unantastbar galt. Heute sind selbst die von Fortuyn geäußerten Ansichten gesellschaftsfähig geworden und es ist absolut gängig, den Islam als rückständige Kultur zu bezeichnen.

Das Umschwenken der öffentlichen Meinung kann auf den Beginn des Jahres 2002 datiert werden: Waren noch im Dezember 2001 etwa 70 % der Wähler mit der Politik des Kabinetts Kok zufrieden, so sanken die Wahlergebnisse der Sozialdemokraten bei den Wahlen im Mai 2002 von 29,0 % auf lediglich 15,1 %. Das langjährige politische Streben nach Konsens und »political correctness« hatte zur Folge, dass eine offene Diskussion über Ziele und Mittel der Integrationspolitik nicht stattgefunden hatte. Erst als die allgemeine Unzufriedenheit groß genug war, wurde plötzlich, und für Außenstehende relativ unvermittelt, eine neue Perspektive konsensfähig. Auch der neue politische Konsens wirkt indes durchaus einseitig: Denn wenn die multikulturelle Gesellschaft heute allgemein als gescheitert gilt, wird vergessen, dass ein Großteil der Migranten in den Niederlanden hervorragend integriert ist. Dies gilt etwa für die 250.000 Indonesier und ihre Nachkommen, die nach 1949 ins Land kamen. Auch die Arbeitsmigranten aus den Ländern rund um das Mittelmeer haben ihren festen Platz in der Gesellschaft gefunden – aber dies wird zurzeit nur selten laut ausgesprochen.

Das in der niederländischen Gesellschaft tief verankerte Konsens- und Egalitätsstreben offenbarte als Kehrseite eine Art Freude an der Rebellion. Fortuyn hatte großen Erfolg damit, sich gegen das politische Establishment zu wenden. Seine Popularität ist nicht zuletzt auch darauf zurückzuführen, dass er sich von den politischen Vertretern der Koalition abhob und sich als schillernden Charakter in Szene setzte: Unverhohlen trug er seinen Reichtum zur Schau und ließ sich in teuren Limousinen chauffieren, er machte keinen Hehl aus seiner Homosexualität und genoss es in vollen Zügen, mit drastischen Formulierungen die heilige Kuh des »Multikulti« zu verhöhnen. Geschickt berief er sich dabei auf das Recht der freien Meinungsäußerung: Er lasse sich von den grauen Konsenspolitikern nicht den Mund verbieten, er spreche Probleme offen an, Diskriminierungsverbote könnten ihn nicht einschüchtern.

Damit wurde der Politiker Fortuyn zum Sinnbild des Spannungsverhältnisses zwischen dem politisch korrekten Diskriminierungsverbot auf der einen Seite und dem Recht auf freie Meinungsäußerung auf der anderen. Diese Polarität beherrscht die öffentliche Diskussion bis heute. Von der verbreiteten Ansicht, dass das Recht der freien Meinungsäußerung in Gefahr sei, profitiert etwa der ehemals rechtsliberale Politiker Geert Wilders: Bei den Wahlen 2006 erhielt er mit seiner neu gegründeten »Partij voor de Vrijheid« (PVV) aus dem Stand 5,9 % der Stimmen.

Ein zweiter Mord schien die These zu bestätigen, dass die Meinungsfreiheit in Gefahr sei. Als im November 2004 der Regisseur Theo van Gogh von einem radikalen Islamisten auf offener Straße niedergeschossen und erstochen wurde, kam es im ganzen Land zu Ausschreitungen. Van Gogh hatte sich wiederholt abfällig über Muslime geäußert und 2004 gemeinsam mit der Politikerin Ayaan Hirsi Ali einen provokanten, islamkritischen Film gedreht, der die Unterdrückung der Frau in der islamischen Gesellschaft anprangerte. Gerade der religiös-politisch motivierte Mord an van Gogh hat seither viele niederländische Politiker darin bestärkt, dem Recht auf freie Meinungsäußerung durch verletzende Äußerungen in der politischen Auseinandersetzung zu huldigen.

Anders als Fortuyn, der von einem linken Umweltaktivisten erschossen worden war, wurde van Gogh jedoch von einem radikalen Islamisten marokkanischer Herkunft ermordet, der einen niederländischen Pass besitzt und niederländische Schulen besucht hatte. Hier schien die Integration versagt zu haben. Angesichts der Probleme mit der allochthonen Bevölkerung urteilte man jetzt, dass die viel gerühmte traditionelle Toleranz bislang kaum zur Integration von Migranten beigetragen habe. Was in den vergangenen Jahrhunderten als tolerantes Nebeneinander verschiedener Religionen und gesellschaftlicher Gruppen funktioniert hatte, entpuppte sich in den Augen vieler als Indifferenz und Gleichgültigkeit, mit der Folge, dass allochthone und autochthone Niederländer isoliert nebeneinander her lebten.

Auch die Politik der Duldung hatte in den Augen der Öffentlichkeit zu eklatanten Problemen und Kontrollverlust geführt: Kleinere Delikte waren jahrelang nicht strafrechtlich verfolgt worden, staatliche Kontrollinstanzen wie die Bauaufsicht arbeiteten nachlässig. So wurden Unglücksfälle wie die Brandkatastrophen in Enschede oder Volendam auf ein Versagen staatlicher Instanzen zurückgeführt. Ein weiteres Argument gegen das »gedoogbeleid« wurde darin gesehen, dass kriminelle Jugendgangs in Ruhe gelassen worden waren, solange sie sich auf ihre eigenen (Migranten-)Viertel beschränkten. Erst als bestimmte Gegenden außer Kontrolle gerieten und die Banden sich zudem in die Innenstädte von Amsterdam und Den Haag vorwagten, wurde dies als Ergebnis jahrelanger Versäumnisse wahrgenommen.

All diese Missstände erklären den gegenwärtigen Ruf nach einem stärkeren Staat und den Erfolg von Parteien mit den Namen »Leefbaar Nederland« (Lebenswerte Niederlande), »Trots op Nederland« (Stolz auf die Niederlande) oder eben von Fortuyn und Wilders. Meist können sie zwar auch keine überzeugenden Lösungsmöglichkeiten präsentieren, aber sie sagen zumindest, wo der Schuh drückt. Sie versprechen ihren Wählern, durchzugreifen und die Probleme anzupacken. Zweifellos kommt ihnen dabei zugute, dass Pragmatismus und Handlungsbereitschaft in den Niederlanden seit jeher hoch angesehene Tugenden sind. Man wünscht sich Politiker, die die »Ärmel hochkrempeln« und etwas tun. Das wirkt frisch und unverbraucht. Fehlende politische Erfahrung gilt in der öffentlichen Wahrnehmung folgerichtig durchaus nicht als Makel, sondern scheint vielmehr für innovative Lösungen zu bürgen.

Im September 2006 beschwor selbst der christdemokratische Premierminister Balkenende im Parlament die zupackende »VOC-Mentalität«, die sein Land sich wieder zueigen machen müsse. Mit der Berufung auf die VOC, die niederländische Handelsgesellschaft, die im 17. Jahrhundert weltweit Handel trieb, appellierte Balkenende an »typisch niederländische« Eigenschaften wie Unternehmergeist, Mut, Eigeninitiative und wirtschaftliche Prosperität. Zwar wurde der Ministerpräsident für seine Äußerungen gescholten (immerhin war die VOC Teil des nicht gerade zimperlichen niederländischen Kolonialsystems), indem Balkenende jedoch zudem für strenge gesellschaftliche »Normen und Werte« eintrat, die in den Niederlanden wieder Einzug halten müssten, hat er sich auf die Erwartungen der Wähler eingestellt.

Seit 2006 regiert Balkenende mit einer großen Koalition aus Sozialdemokraten und der Christlichen Union (CU). Dass kleine Parteien wie die CU, Wilders' PVV und vor allem auch die sozialistische Partei 2006 ungewöhnlich hohe Stimmenanteile erhielten, macht deutlich, dass es noch immer eine Art Gegenbewegung zu den alteingesessenen, großen Parteien gibt. Offenbar ist der mit dem »ruckartigen« Aufbegehren gegen die Kultur des konsensorientierten politischen Schweigens angestoßene politische Prozess noch nicht abgeschlossen.

Die von polarisierenden Figuren wie Fortuyn oder van Gogh in Gang gebrachten gesellschaftlichen Grundsatzdebatten zeigen, dass die Niederlande auf der Suche nach einer neuen Identität sind. In diesem Zusammenhang ist auch das Nein zur europäischen Verfassung im Juni 2005 zu sehen. Traditionell ist das Land europafreundlich, auch und gerade im Parlament findet die EU große Zustimmung. Die großen Parteien haben jedoch 2005 nur halbherzig für Europa geworben, die kleinen Parteien wie CU und PVV sind klar gegen die EU, und die Stimmung in der Bevölkerung war ambivalent und angstbestimmt. So spielten Vorbehalte gegenüber dem Euro und auch die Angst vor einem Beitritt der Türkei eine entscheidende Rolle für das negative Votum. Hinzu kam das Misstrauen gegenüber den etablierten Parteien: Das Nein war Umfragen zufolge auch Ausdruck innenpolitischer Unzufriedenheit, der das europäische Referendum als Ventil diente.

Als positiv zu werten ist jedoch, dass es in den Niederlanden nach einer langen politisch-argumentativen Erstarrung nun wieder größere Wahlmöglichkeiten gibt, und langsam mehren sich auch die Stimmen, die zupackende »Bulldozer« wie Wilders argumentativ entlarven und eine Politik des Ausgleichs anstreben. Die politische Debatte ist zurück, auch wenn das Pendel zuweilen sehr heftig ausschlägt.

Im Ergebnis lässt sich festhalten, dass die Ereignisse der letzten Jahre weniger rätselhaft sind, als es auf den ersten Blick scheinen mag: Sie sind das Resultat einer Politik, die sich an bewährten niederländischen Werten orientierte. Die Herausforderung der Zukunft wird darin liegen, diese politischen und gesellschaftlichen Werte neu zu gewichten. Dies wird zweifellos dadurch erleichtert, dass die politische Unruhe offenbar keine negativen Auswirkungen auf die wirtschaftliche Prosperität hat: Die Arbeitslosigkeit ist mit 4,5 % vergleichsweise niedrig und die Wirtschaft konnte im Jahr 2007 ein Wachstum von 3,5 % verzeichnen – damit sind die Niederlande europäischer Spitzenreiter.

■ Literatur- und Filmempfehlungen

■ Sachliteratur

EURES (Hrsg.) (2005). Arbeiten in den Niederlanden. Assen, Kleve, Gent, Gronau, Maastricht. Zu beziehen über die Euregio (www.euregio.org).
Umfassende Informationen der Europäischen Union zur Praxis des Arbeitens in den Niederlanden, teilweise auch auf der Website von Eures zu finden (www.europa.eu.int/eures). Die Themen: Arbeitsmarkt, Arbeitsbedingungen, Umzug, Einkommen, Lebenshaltungskosten, Steuern, Gesundheitssystem, soziale Sicherheit usw. (siehe auch Informationen im Internet).

Horst, H. van der (2000). Der Himmel so tief. Niederlande und Niederländer verstehen. Münster: Agenda.
Der Historiker van der Horst erläutert kenntnisreich und ausführlich die historischen Hintergründe der niederländischen Kultur. Hier werden Leser fündig, die sich für die Entstehung kultureller Werte aus der Geschichte heraus interessieren. Die Darstellung ist anschaulich, verständlich und gut gegliedert, erläutert werden die Bereiche Egalität, Pragmatismus, Handelsgeist, unantastbares Privatleben und nationale Minderheiten, dazu gibt es ein Vorwort speziell für Deutsche.

Linthout, D. (2008). Frau Antje und Herr Mustermann. Niederlande für Deutsche (5., vollst. überarb. Aufl.). Berlin: Ch. Links Verlag.
Der Autor Dik Linthout beschäftigt sich seit über dreißig Jahren mit deutsch-niederländischen Kulturunterschieden und diese Erfahrung merkt man dem Buch an. Es geht nicht nur um Kultur und Alltag, sondern auch um die Geschichte der deutsch-niederländischen Beziehungen, zählebige Vorurteile, aktuelle Fakten, erfolgreiche und gescheiterte Kooperationen. Der Leser wird überdies mit einer Reihe von witzigen Anekdoten und Episoden unterhalten, die man als Deutscher mit Niederlandebezug unbedingt kennen sollte.

Schlizio, B., Thomas, A. (Hrsg.) (2007). Leben und Arbeiten in den Niederlanden. Was Sie über Land und Leute wissen sollten. Göttingen: Vandenhoeck & Ruprecht.
Umfassendes Werk für alle, die in den Niederlanden leben oder arbeiten. Der Band bietet Artikel über Arbeitsmarkt und Berufsbildung, das niederländische Bildungssystem, deutsch-niederländische Wirtschaftsbeziehun-

gen, deutsches und niederländisches Rechtssystem im Vergleich, niederländische Sprache und politische Kultur der Niederlande, Medienlandschaft, Probleme des Landes im Zusammenhang mit Migration und Integration, außerdem zahlreiche praktische Hinweise und nützliche Internetadressen zum Thema niederländischer Arbeitsmarkt.

Schürings, U. (2004). Zwischen Pommes und Praline. Mentalitätsunterschiede, Verhandlungs- und Gesprächskultur in den Niederlanden, Belgien, Luxemburg und Nordrhein-Westfalen (2., aktualisierte Aufl.). Hrsg. Georg Michels und Bernd Müller. Münster: Agenda-Verlag.

Das Kapitel über die Niederlande erläutert die Besonderheiten der Unternehmenskultur und behandelt überdies in kurzer, prägnanter Form die Themen Politik, Wirtschaft, Geschichte, koloniale Vergangenheit, Medien, Architektur, Sprache und Literatur. Die Kapitel über Belgien und Luxemburg zeigen, wie sehr sich die niederländische Unternehmenskultur von derjenigen der Nachbarländer unterscheidet.

Sprache & Kultur (2008). Die Niederlande und die Niederländer! Taal & Cultuur. Duitsland en de Duitsers. CD-ROM des Projekts »Bausteine für die euregionale Wirtschaft«. Zu beziehen über die Euregio Rhein-Waal (www.euregio.org).

Ausführliche und aktuelle Informationen über Land und Leute, Wirtschaft, Sprache, Arbeitsmarkt, Berufsbildung, Betriebskultur – in Form von Texten, Audiodateien und Videos. Enthält außerdem Wörterbücher für die Bereiche Bau, Sozialarbeit (Behindertenwesen), Berufsbildung/Arbeitsmarkt/Projektmanagement, Feuerwehr.

Vossestein, J. (2004). Dealing with the Dutch (3., aktualisierte Aufl.). Amsterdam: Koninklijk Instituut voor de Tropen.

Das englischsprachige Standardwerk über die niederländische Mentalität und Unternehmenskultur. Vossesteins Buch basiert auf den Erfahrungen zahlreicher Expatriates aus der ganzen Welt, die sich über niederländische Besonderheiten im Alltag und am Arbeitsplatz wundern. Themen sind etwa die mühsame Entscheidungsfindung und das harte Verhandeln, aber auch die ausgeprägte Beziehungsorientierung und die große Flexibilität. In der neuesten Fassung findet sich zudem ein Abschnitt über aktuelle politische Entwicklungen.

White, C., Boucke, L. (2005). The Undutchables. An Observation of the Netherlands, Its Culture and Its Inhabitants (aktualisierte Ausg.). Lafayette: White Boucke Publishing.

Eine amerikanische Sicht auf die Niederlande, die teilweise mehr über die Autoren als über den Gegenstand verrät, das heißt wenig Zurückhaltung in Bezug auf Meinungen und Urteile übt. Die Holländer sind hier wahlweise geizig, originell, hinterwäldlerisch, verlässlich, gute Freunde und so weiter. Vergnüglich zu lesen, aber zum Teil recht oberflächlich.

Wielenga, F. (2008). Die Niederlande. Politik und politische Kultur im 20. Jahrhundert. Münster: Waxmann-Verlag.

Der Autor ist Professor für niederländische Geschichte in Münster und liefert eine ebenso faktenreiche wie gut geschriebene Übersichtsdarstellung der innen- und außenpolitischen Entwicklungen der Niederlande vom späten 19. Jahrhundert bis zur Gegenwart. Wer die aktuelle Lage wirklich verstehen will und sich für niederländische Geschichte interessiert, wird hier aufs Beste bedient.

Wielenga, F., Wilp, M. (Hrsg.) (2007). Nachbar Niederlande. Eine landeskundliche Einführung. Münster: Aschendorf.

Die zwölf Beiträge des Buchs beschäftigen sich umfassend und informativ mit verschiedenen Aspekten der niederländischen Gesellschaft, etwa Politik, Wirtschaft, Migration und Integration, Medien, das Verhältnis der Niederländer zum Königshaus, Malerei und moderne Literatur. Enthält eine kommentierte Literaturliste mit Titeln über die Niederlande.

■ Belletristik

Mulisch, H. (2007). Das Attentat (11. Aufl.). Aus d. Nied. v. Annelen Habers. Reinbek: Rowohlt TB.

Hier geht es um den Zweiten Weltkrieg, die Besatzung der Niederlande durch die Deutschen, Widerstand und Kollaboration, Schuld und Verantwortung. Im Mittelpunkt der Geschichte steht der kleine Anton, der bei einer Vergeltungsaktion der Deutschen seine Eltern verliert und nun allein seinen Platz im Leben finden muss. Äußerst spannend und nuanciert wird erzählt, wie er mit seinem Schicksal zurechtkommt, wie er und seine Umgebung mit der Vergangenheit umgehen. In den Niederlanden wie auch in Deutschland sehr erfolgreich, gute Verfilmung von Fons Rademakers aus dem Jahre 1986.

Mulisch, H. (1995). Die Entdeckung des Himmels (22. Aufl.). Aus d. Nied. v. Martina den Hertog-Vogt. Reinbek: Rowohlt TB.

Mitreißendes Epos um einen Jungen, der die Welt retten soll. Verknüpfung von Liebe, Freundschaft und Familie, im Hintergrund ein Universum von Religion bis Biotechnologie. Ähnlich spannend wie Umberto Eco oder Dan Brown, nur eben mit schönen Amsterdam-Passagen. Auch in Deutschland ein Bestseller.

Palmen, C. (2001). I. M. Ischa Meijer. In Margine. In Memoriam (8. Aufl.). Aus d. Nied. v. Hanni Ehlers. Zürich: Diogenes TB.

Autobiografischer Roman, erzählt die Liebesgeschichte zwischen der Autorin und dem Fernsehmoderator Ischa Meijer. Meijer stirbt nach fünf Jahren an einem Herzinfarkt. Ein bewegendes Buch über Liebe, Nähe, Leidenschaft und Tod, geprägt von einer ironischen Distanz, die es der Erzählerin erst möglich macht, das Ganze zu überstehen. Man fühlt mit der Protagonistin mit, freut sich an ihren treffenden Beobachtungen und ihrem schwarzen Humor.

Rosenboom, T. (2007). Tango. Aus d. Nied. v. Marlene Müller-Haas. Reinbek: Rowohlt TB.

Ein Amsterdamer Buchhalter von Mitte 40, schüchtern und in der Liebe unerfahren, erliegt der Faszination des Tangos. Er entdeckt eine Parallelwelt, in der sich eine eingeschworene Gemeinschaft zu festen Zeiten trifft

•

und klaren Regeln unterwirft. Schon bald beschränkt sich die Liebe nicht mehr nur auf den Tango, es beginnt ein Spiel aus Annäherung, stürmischer Begegnung und erneuter Entfernung. Ein Buch wie ein Tanz.

Toorn, W. van (2005). Als würde ich vor Glück ersticken. Aus d. Nied. v. Marianne Holberg. Frankfurt a. M.: Fischer TB.

Lassen Sie sich nicht vom Titel abschrecken, auf Niederländisch heißt der Roman ganz einfach und poetisch »De rivier« (Der Fluss). Es handelt sich um die Lebensgeschichte des Autors, die zugleich auch eine Geschichte der Niederlande ist. Spannend erzählt, anschaulich und intim. Man kann sich gut in die Hauptfigur hineinversetzen und sieht durch ihre Augen die gesellschaftlichen und politischen Veränderungen der Niederlande vom Krieg bis in die Gegenwart.

Wetering, J. W. van de. Diverse Kriminalromane um die Amsterdamer Polizisten Grijpstra und de Gier. Reinbek: Rowohlt TB.

Van de Wetering zeichnet ein atmosphärisches Bild der Stadt Amsterdam in den 1970er und 1980er Jahre. Die Storys sind witzig geschrieben, oft spielt die koloniale Vergangenheit der Niederlande eine Rolle. Im Mittelpunkt stehen die Ermittlungsbeamten Grijsptra und de Gier, die in ihrem alten VW durch das linksalternative Amsterdam düsen und dabei mit Gelassenheit und Spürsinn ihre Fälle lösen.

◼ Filme/DVDs

Diem, M. van (1997). Karakter.

Rotterdam, Anfang des 20. Jahrhunderts. Ein übermächtiger Vater stellt sich dem Erfolg seines unehelichen Sohnes in den Weg. Der Sohn versucht, sich aus kleinen Verhältnissen hochzuarbeiten und in einer Anwaltskanzlei Karriere zu machen, der Vater ist Gerichtsvollzieher und Geldverleiher. Überzeugende Charaktere, historisch und psychologisch gut beobachtet, sehr beeindruckend auch Jan Decleir in der Rolle des Vaters. »Karakter« erhielt 1997 den Oscar für den besten fremdsprachigen Film. Das Drehbuch basiert auf dem bereits 1938 erschienenen gleichnamigen Roman von F. Bordewijk (2007 auf Deutsch erschienen, »Charakter«).

Maas, D. (1987). Amsterdamned (Verfluchtes Amsterdam).

Das Gegenteil von van Warmerdam. Actionfilm über einen tauchenden Killer, der in den Grachten Amsterdams sein Unwesen treibt und ein Opfer nach dem anderen umbringt. Spektakuläre Verfolgungsjagden per Motorboot über die Grachten, lässige Hauptdarsteller, stimmungsvolle Amsterdamszenen – man darf sich nur nicht an der etwas schwachen Story stören.

Warmerdam, A. van (1998). Kleine Teun (Little Tony).

Van Warmerdam ist bekannt für seinen skurrilen Humor und die trockenen Dialoge. Schauplatz von »Kleine Teun« ist ein einsamer Bauernhof in der Nähe von Groningen, erzählt wird eine Dreiecksgeschichte: Ein älteres

Ehepaar holt eine junge Lehrerin ins Haus, denn die Frau ist es leid, ihrem Mann beim Fernsehen immer die Untertitel vorzulesen. Der Mann soll endlich selber lesen lernen, und das führt zu Verwicklungen.
Jiskefet. Fernsehserie (1990–2005).
    Ebenfalls kabarettartige Serie mit festem Personal. Sehr beliebt etwa sind »De Lullo's« (in etwa: Die Schwachmaten), eine Persiflage auf niederländische Verbindungsstudenten, die den ganzen Tag in ihrem Verbindungshaus sitzen, Bier trinken und sich über die Damenwelt unterhalten. Ansonsten: absurde Szenen aus dem Büroalltag, einem etwas merkwürdigen Tiergeschäft oder dem Migrantenviertel Amsterdam-Oost, alles nicht gerade politisch korrekt. Einzelne Sketche auch auf YouTube.
Van Kooten & De Bie. Fernsehserie (1970er bis Ende 1990er Jahre).
    Kabarettduo, bestehend aus Kees van Kooten und Wim de Bie. Eine ganze Reihe der Sketche und Ausdrücke aus diesen Programmen sind legendär und teilweise sogar in die niederländische Sprache eingegangen (z. B. »regelneef« meint jemanden, der immer alles an sich zieht und regeln will). Das Personal der Sketche ist ausgesprochen heterogen, hier wird alles und jeder auf die Schippe genommen: Politiker, Journalisten, Gemüsehändler, Widerstandskämpfer, Gewerkschaftsführer – und Deutschlehrer. Typisch niederländischer Humor, darüber lacht man seit Generationen. Am besten, man sieht sich die Sachen gemeinsam mit einem Niederländer an, denn es gibt sicher Erklärungsbedarf.

◾ Nützliche Internetadressen

Auswärtiges Amt: www.auswaertiges-amt.de/laenderinfos
    Regelmäßig aktualisierte Informationen über Bevölkerungszahlen, geographische Daten, Sicherheit, rechtliche Bestimmungen, Wirtschaft, Außen- und Innenpolitik, Kultur und Bildung, Beziehungen zu Deutschland, deutsche Vertretungen in den Niederlanden.
Deutschlandinstitut der Universiteit van Amsterdam:
    www.duitslandinstituut. nl
    Unabhängige wissenschaftliche Einrichtung, die sich mit der Geschichte, Wirtschaft und Politik Deutschlands aus niederländischer Perspektive beschäftigt; eigenes Forschungsprogramm, gut sortierte Bibliothek und zahlreiche Veranstaltungen.
Deutsch-Niederländische Handelskammer: www.dnhk.org
    Die Kammer fördert deutsch-niederländische Geschäftsbeziehungen und bietet Markterkundung, individuelle Markterschließung, Suche von Handelspartnern, Fördermittel- und Absatzberatung, Personal- und Rechtsberatung, außerdem interessante Veranstaltungen und Seminare.
EURES-Seite der Europäischen Union: www.europa.eu.int/eures
    Umfassende Informationen zum Thema Leben und Arbeiten in den Niederlanden, u. a. Arbeitsmarkt, Arbeitsbedingungen (Einstellung, Bewerbung, Arbeitsverträge, Löhne und Gehälter, Arbeitszeit, Jahresurlaub),

Umzug (Auto, Führerschein, Tiere und Pflanzen, Wohnungssuche, Schul-
suche), Lebensbedingungen (Einkommen und Lebenshaltungskosten,
Steuern und Abgaben, Gesundheitssystem), Soziale Sicherheit (Versiche-
rungen bei Krankheit, Mutterschaft, Erwerbsunfähigkeit, Alterssicherung,
Hinterbliebenenversorgung etc.).

Goethe-Institute in Amsterdam und Rotterdam: www.goethe.de/amsterdam,
www.goethe.de/rotterdam
Überblick über niederländische Veranstaltungen mit Deutschlandbezug,
Sprachkurse (auch Niederländisch für Deutsche), Filme, Stellenmarkt
und Verschiedenes mehr für Deutsche, die in den Niederlanden leben,
sowie für Niederländer, die sich für Deutschland interessieren.

Kompetenz-Netzwerk NL/NRW: www.inter-ned.info
Richtet sich vor allem an kleine und mittelständische Unternehmen, die
grenzüberschreitend aktiv werden wollen oder es bereits sind. Hier finden
sich Wirtschaftsinformationen (aktuelle Entwicklungen, Konjunkturbe-
richte, Arbeitsmarkt, Technologie, grenzüberschreitende Aktivitäten) und
zahlreiche Hinweise zu den Themen Recht, Steuern, Handwerk, Förder-
programme, Marketing, Interkulturelles, Erfahrungsberichte, allgemeine
Länderinformationen und Neuigkeiten aus der EU.

Niederländische Botschaft: www.niederlandeweb.de
Offizielle Seite des niederländischen Außenministeriums, bietet aktuelle
Nachrichten und Hintergrundinformationen über Wirtschaft und Unternehmen, Außenhandel und Wirtschaftsförderung, Politik, Medien, Kultur. Hier finden sich außerdem Links zu den niederländischen General-
konsulaten und Handelsvertretungen in Hamburg, Düsseldorf, Frankfurt,
Stuttgart, München und Leipzig.

Niederländisches Wirtschaftsministerium, Dienststelle Außenhandel:
www.hollandtrade.com
Fakten und Zahlen, neueste wirtschaftliche Entwicklungen, Marktanaly-
sen, Unternehmen geordnet nach verschiedenen Sektoren, Links zu Or-
ganisationen für Wirtschaftförderung und internationale Kooperation,
hilft bei Geschäftsanfragen und der Suche nach Handelspartnern.

Zentrum für Niederlande-Studien, Münster: www.niederlandenet.de
Online-Portal der Universität Münster, bietet aktuelle Nachrichten und
ausführliche Hintergrundartikel über das politische System der Niederlande, Geschichte, Wirtschaft, Geographie, Bildung, Wissenschaft, Sprache, Literatur, Recht, Medien, deutsch-niederländische Beziehungen; zudem eine Vielzahl an Literaturangaben und weiterführende Links.